Corrado Conforti · Linda Cusima

Linea d

Corso di italiano a livello

Guida per l'insegnante

Guerra Edizioni

Elenco delle fonti

Foto di copertina: © ZEFA – Masterfile (M. Tomalty), Düsseldorf

Pagina 209: © 1992 by LA DROGUERIA DI DRUGOLO S.r.l.

Pagina 212: © by Warner Chappel Music Italiana / Polygram Italia S.r.l.

Pagina 214: © by BMG ARIOLA SPA, Roma

3. 2. 1.
2001 2000 99 98

1. Edizione

Copertina: Zembsch' Werkstatt, München

Stampa: Guerra guru s.r.l. - Perugia
Printed in Italy
ISBN 88-7715-407-1

Indice

Introduzione

Linea diretta è un corso di italiano ideato per un pubblico di adulti, ma che può essere usato anche nelle scuole superiori.

Il corso presta particolare attenzione allo sviluppo delle quattro abilità (ascoltare, parlare, leggere e scrivere) e all'apprendimento delle strutture morfosintattiche della lingua italiana.

Linea diretta è strutturato in due volumi: il primo per principianti ed il secondo per chi possiede già delle conoscenze della lingua italiana.

Ogni volume comprende:
- un manuale contenente il materiale per la lezione da svolgere in classe,
- un libro degli esercizi contenente attività per il lavoro individuale a casa,
- due audiocassette o due CD,
- una guida per l'insegnante.

Linea diretta 2 – Manuale

Comprende 15 lezioni, più una iniziale che vuole servire da «ponte» fra il primo ed il secondo manuale. Il libro è completato da una sintesi grammaticale di rapida consultazione.
Linea diretta 2, pur rispettando l'impostazione didattica di ***Linea diretta 1***, dà più spazio alla lingua scritta, presentando una maggiore varietà di testi autentici. Per quanto riguarda la lingua orale, offre, oltre ai consueti dialoghi registrati in studio, anche alcune interviste; fornisce infine molti più spunti per le attività di produzione orale e scritta.

Struttura di una lezione

Ogni lezione è dedicata a un tema attraverso il quale vengono presentati alcuni aspetti della vita quotidiana italiana, scelti fra quelli che siano in grado di fornire allo studente, nei limiti di un manuale di lingua, un quadro informativo complessivamente esauriente dell'Italia di oggi. Ci si è sforzati di raggiungere tale scopo attraverso il ricorso a materiali orali e scritti entrambi per la stragrande maggioranza autentici, i quali, oltre a fornire i suddetti aspetti di civiltà, propongono una lingua viva e attuale i cui aspetti morfosintattici vengono sviscerati nel corso di ogni lezione e presentati allo studente mettendolo immediatamente in grado di appropriarsene e di riprodurli.

Ogni lezione inizia con un brano registrato o con una lettura; a tali materiali seguono esercizi di comprensione e riquadri di riflessione sulle forme il cui scopo è quello di segnalare allo studente la presenza di una nuova struttura morfosintattica o di forme atte ad esprimere una precisa intenzione comunicativa. I successivi esercizi, interattivi o strutturali, si propongono di familiarizzare lo studente con quanto appreso fino a quel momento. Le conoscenze acquisite vengono poi applicate liberamente dallo studente in attività di produzione orale e / o scritta che richiamano le situazioni affrontate fino a quel momento. A conclusione di ogni lezione un test ricapitolativo propone una verifica delle conoscenze morfosintattiche e lessicali acquisite nel corso dell'unità svolta.

Conversazioni registrate

Le conversazioni registrate di ***Linea diretta 2*** sono «autentiche» nel senso che, se pure effettuate in studio, sono state realizzate da speaker di lingua madre italiana i quali, di volta in volta, hanno improvvisato dei dialoghi esprimendosi con le loro normali fluenza ed intonazione. Conversazioni di questo tipo pongono ovviamente maggiori difficoltà di comprensione di quante ne porrebbero conversazioni scritte e poi recitate, ma sono quelle che più si avvicinano alla realtà della lingua parlata.
Compito dello studente in questa attività non è quello di capire tutto (sarebbe impossibile), ma quello di sforzarsi di capire, esattamente come farebbe se si trovasse in Italia in una situazione in cui fosse costretto a cavarsela da solo. Affrontando questa attività si dovrà spiegare allo studente che quello che gli si chiede è una sorta di ginnastica del proprio orecchio e della propria capacità di comprensione, ginnastica che lo porterà progressivamente a capire sempre di più e che gli è altrettanto essenziale quanto i progressi che farà nella acquisizione delle conoscenze grammaticali e lessicali.

Dialoghi estratti

Da ogni conversazione registrata sono stati estratti alcuni brevi brani che, trascritti e, a volte, lievemente corretti, sono stati poi recitati cercando di ripetere il più fedelmente possibile l'intonazione originaria.
Le correzioni che sono state apportate sono dovute a vari motivi: sovrapposizione di voci, presenza di forme errate che si riscontrano a volte nella lingua parlata, false partenze.
Gli esercizi successivi a questi dialoghi, e che dei dialoghi mettono in evi-

denza le forme, hanno la funzione di far apprendere allo studente le strutture grammaticali, le regole sintattiche, le espressioni funzionali, nonché l'esatta pronuncia e la corretta intonazione necessarie ad esprimersi.
Anche con i dialoghi estratti, così come con le conversazioni registrate, si deve cercare di portare lo studente, alla «conquista» del contenuto. Il fine che qui ci si propone è comunque, diversamente da quanto avveniva con le conversazioni, la comprensione di *tutte* le parole.

Dettati

Uno dei brani estratti non è stato trascritto interamente. Sono state invece omesse alcune parole, quelle che però, essendo già presenti nella lezione di cui il dettato fa parte o nelle lezioni precedenti, sono già note agli studenti. L'esercizio sarà dunque quello di riconoscere tali parole e di scriverle negli appositi spazi contemporaneamente all'ascolto del brano.
Come dettato è stata presentata nella lezione 13 anche una canzone.

Altri ascolti

Fra i materiali di ascolto sono presenti anche quattro interviste, un notiziario radiofonico, una poesia e un monologo teatrale. L'uso didattico dei primi cinque brani è analogo a quello previsto per le conversazioni. La registrazione della poesia e del monologo, presentati nel manuale come materiali di lettura, vuole essere soltanto un atto dovuto a due brani letterari che per loro natura prevedono la declamazione e la recitazione.

Letture

In ogni lezione sono stati inseriti uno o più testi il cui fine è quello di far sì che lo studente possa familiarizzare con la lingua scritta. Si tratta di brani di diverso tipo: articoli di cronaca e di costume, racconti, pagine di romanzi, poesie, lettere, etc. Quello che può sorprendere in alcuni di questi testi è la loro relativa lunghezza e, a volte, la loro relativa complessità. Entrambe non sono casuali. Ricalcando l'operazione fatta con le conversazioni registrate, si è cercato di presentare allo studente brani autentici o, comunque, nei pochi casi in cui si è ricorso a materiale preparato, assolutamente attendibili; testi dunque che richiedono allo studente una buona quantità di concentrazione e che possono risultare a volte addirittura «difficili» là dove lo studente voglia subito impossessarsi del significato di tutte le parole presenti nel brano. Ma, analogamente a quanto è stato fatto per l'attività di ascolto, quello che si chiede al corsista non è di capire ogni parola, bensì il significato generale del brano.

Riquadri di riflessione sulle forme

Spesso subito dopo i dialoghi estratti o le letture si trovano nel manuale degli specchietti (riquadri azzurri) che hanno lo scopo di evidenziare e a volte di ampliare le strutture morfosintattiche che sono comparse nel dialogo o nelle letture.
Il compito dell'insegnante sarà quello di guidare lo studente nella acquisizione delle regole grammaticali, facendolo riflettere prima su quanto compare nel testo e poi su quanto viene proposto in questi schemi.

Esercizi

Ad ognuna delle conversazioni registrate, alle interviste e alla maggior parte delle letture seguono esercizi di verifica della comprensione globale del contenuto.
Si tratta per lo più di esercizi a scelta multipla, di esercizi basati sul concetto di vero / falso, e infine di esercizi in cui lo studente deve rispondere per iscritto a domande poste sul contenuto di quanto ha ascoltato o letto.
Dopo alcune letture sono stati inserti inoltre esercizi relativi al lessico.
Ai dialoghi estratti seguono invece esercizi di consolidamento dei contenuti morfosintattici. Si tratta per la maggior parte di esercizi interattivi, di completamento, di sostituzione, di trasformazione, di espansione e di combinazione.

Attività di produzione libera (E adesso tocca a voi!)

Con quest'esortazione sono presentate quelle attività di produzione orale o scritta in cui gli studenti, spontaneamente o assumendo un ruolo fittizio, dovranno mettere in pratica le conoscenze morfosintattiche e lessicali apprese fino a quel momento.

Test

I test con i quali ogni lezione si chiude sono, come detto, test grammaticali di ricapitolazione. Possono essere svolti a casa o in classe e vogliono essere l'ultimo controllo su quanto appreso prima di passare alla lezione successiva.

Linea diretta 2 – Libro degli esercizi

Il libro degli esercizi vuole essere un mezzo a disposizione dello studente per approfondire e fissare quanto è stato appreso in classe. In particolare contiene:

- esercizi di consolidamento di vario tipo,
- schemi grammaticali che lo studente dovrà completare,
- letture,
- esercizi sul lessico,
- giochi (cruciverba, anagrammi, etc.),
- lista dei vocaboli nuovi contenuti negli esercizi e nelle letture,
- soluzioni degli esercizi.

Il libro degli esercizi è stato pensato per il lavoro individuale a casa, tuttavia l'insegnante, se lo riterrà opportuno, potrà usarlo in parte anche in classe. Le attività contenute nel libro degli esercizi vanno svolte dopo quelle del libro di testo a cui rimanda il simbolo (⇨ 4).

Linea diretta 2 – Guida per l'insegnante

Scopo della presente guida è quello di fornire all'insegnante spiegazioni, suggerimenti e, a volte, esercizi supplementari che lo mettano in grado di svolgere con sicurezza e competenza ognuna delle lezioni del manuale.
A ciascuno dei punti presenti nel manuale corrispondono nella guida dell'insegnante le indicazioni necessarie affinché le spiegazioni morfosintattiche e funzionali da fornire alla classe siano chiare ed esaurienti, soprattutto quelle relative alla lingua parlata i cui meccanismi sono stati segnalati di volta in volta.

Concludendo questa introduzione ci sembra infine doveroso rivolgere un saluto e un ringraziamento ai colleghi ed amici della Di.L.It. I.H. di Roma. Senza la loro esperienza didattica, alla quale ci siamo costantemente ispirati, questo libro non sarebbe mai nato.
Ancora un ringraziamento ci sembra dovuto al collega e amico Antonio Pellegrino per aver intervistato per noi la scrittrice Dacia Maraini e il professor Raffaele Simone.

Ricominciamo!

Questa lezione, non presenta punti grammaticali nuovi rispetto al primo libro. Il suo scopo, attraverso le attività di ascolto, lettura e di produzione libera orale e scritta, è quello di avviare gli studenti al nuovo corso di studi.

Lingua orale

Situazione: Intervista ad Andrea Boscagli, proprietario a Monaco di un negozio di alimentari e gastronomia.

Principali intenzioni comunicative: Chiedere e dare informazioni. Raccontare. Parlare di sé.

Lingua scritta

Tipo di testo: Un brano tratto da *Camere separate* di Pier Vittorio Tondelli.

Principali intenzioni comunicative: Descrivere l'aspetto fisico di qualcuno.

Elementi morfosintattici: Alcuni plurali irregolari.

1 Ascolto

Trascrizione del dialogo
Durata del brano: 3'47"

■ *Bene, allora, Andrea, senese, della Contrada del Bruco, vive a Monaco dove ha un negozio di alimentari e gastronomia diciamo, che si chiama «Vini e panini». Da quanti anni sei a Monaco, Andrea?*
● *Sono qua dal 1981.*
■ *Dall'81, bene. E come sei venuto a Monaco?*
● *Sono venuto perché mia moglie ci aveva un lavoro qua presso il patronato ACLI come segretaria e io sono venuto a imparare la lingua.*
■ *Tua moglie è italiana.*
● *No, mia moglie è tedesca.*
■ *Ah, è tedesca.*

- ● *Ma vivevamo assieme in Italia.*
- ■ *Ho capito. Quindi tu sei venuto e hai iniziato questa attività.*
- ● *Sì.*
- ■ *Come è cominciata?*
- ● *L'attività è cominciata perché non trovavo questi prodotti qua sul mercato.*
- ■ *Alimentari?*
- ● *Alimentari. E allora mi sono messo a importarmeli da me.*
- ■ *Ho capito. Hai avuto quest'idea. Senti, e all'inizio è stato facile?*
- ● *No all'inizio è stato molto difficile per potersi fare i clienti fissi che poi oggi son rimasti, insomma.*
- ■ *E hai cominciato lì dove sei, a Schwabing.*
- ● *Sì, esattamente lì dove sono.*
- ■ *Ho capito. Senti, questo tuo negozio è un negozio di gastronomia, si può mangiare lì e si possono comprare anche … ho visto della pasta, del vino. Che cosa altro vendete, quali altre …*
- ● *Mah, più che altro si cerca dei prodotti più artigianali che industriali, cioè che siano non so, i capperi sott'olio invece che sott'aceto, che sia del tonno in olio, che sia della pasta più artigiana, più artigianale, cioè non vogliamo entrare in concorrenza coi supermercati.*
- ■ *Certo. Vendete anche salumi mi sembra. No?*
- ● *Sì, anche salumi in genere sono di piccole imprese artigianali.*
- ■ *Anche formaggi, ho visto.*
- ● *Formaggi anche, si cerca il più possibile, si cerca… cioè di avere dei piccoli artigiani che ci forniscono queste cose.*
- ■ *Senti, ti sei ambientato presto?*
- ● *Sì.*
- ■ *Non hai avuto difficoltà.*
- ● *No, non ho avuto problemi. Ho avuto molti amici, che mi hanno aiutato.*
- ■ *Neanche con la lingua hai avuto difficoltà.*
- ● *No.*
- ■ *Senti, io ho visto che il tuo negozio è sempre molto frequentato e ci sono entrato un paio di volte e mi sembra che ci sia un'ottima atmosfera. Questi clienti, che ho visto lì, sono clienti fissi?*
- ● *Sì, sono tutti clienti fissi, amano certamente un po' la familiarità della cosa e … niente, più i prodotti …*
- ■ *Certo. E chi sono soprattutto come estrazione sociale?*
- ● *In genere sono professionisti, gente che lavora per conto proprio e che ha anche una certa disponibilità economica.*
- ■ *Ho capito. Senti una cosa, quindi tu che cosa pensi? Un giorno di ritornare in Italia o di restare in Germania?*

● *Mah, io nel momento non ci penso di ritornare in Italia.*
■ *Dunque tua moglie è tedesca e hai anche dei bambini?*
● *Sì ho un figlio, ha tredici anni.*
■ *Tredici anni. E con questo figlio parli italiano o parli in tedesco?*
● *Lui, beh, diciamo che siamo cresciuti insieme, cioè a livello di lingua, per cui abbiamo imparato insieme il tedesco.*
■ *Ho capito. Comunque tu ti rivolgi a lui in italiano o in tedesco?*
● *A seconda. Quando mi arrabbio in italiano.*
■ *Ecco, in italiano. Ho capito. Quando sei più calmo in tedesco. Senti e naturalmente tu ritorni in Toscana qualche volta, no? L'estate ...*
● *Sì, sempre più di rado, ma insomma.*
■ *E hai ancora la famiglia? Non so.*
● *Mia mamma, ho solo mia mamma.*
■ *Ho capito. E quando sei in Toscana ti riambienti subito o hai qualche ...*
● *No, no, ho delle difficoltà notevoli, cioè specialmente con i vecchi amici.*
■ *Non vi ...*
● *Non ci troviamo più tanto.*
■ *Ho capito. Va bene, grazie mille.*

Procedimento: La descrizione che segue può essere saltata da chi abbia già lavorato con ***Linea diretta 1*** e abbia seguito i procedimenti raccomandati nella guida per l'insegnante del primo volume. A tali insegnanti segnaliamo come tecnica alternativa il cosidetto «Ascolto quiz» il cui procedimento è descritto a pagina 192 dell'appendice.

La tecnica di ascolto che presentiamo nelle pagine che seguono è destinata a quegli insegnanti che si trovino a lavorare per la prima volta con un nostro materiale di ascolto.

Innanzitutto una breve raccomandazione.
L'attività di ascolto è fondamentale per chi voglia imparare una lingua e il suo svolgimento non può che consistere nell'ascolto ripetuto dei brani presentati.
È possibile che dopo un primo ascolto di un brano di lingua autentica gli studenti che non abbiano familiarità con questo tipo di attività vi dicano, frustrati o indispettiti, di non aver capito niente. In realtà hanno certamente capito qualcosa (se non altro la situazione psicologica di chi parla, tesa o rilassata che sia), ma, aspettandosi di capire tutto, rifiutano di dare valore alla quantità, sia pur minima, di informazioni che sono riusciti a cogliere. È bene perciò che, prima di avviare l'attività di ascolto, prepariate gli studenti.

Innanzitutto fate chiudere il libro e dite che nel brano che ascolteranno due italiani parlano fra loro «normalmente», ossia con i termini «normali» necessari a capirsi e alla velocità «normale» necessaria per non annoiarsi. Dite che si tratta di un brano di lingua autentica, quella lingua che loro, in quanto studenti di italiano, devono imparare a capire. Dite che ovviamente non sarà possibile capire tutto, ma che certamente, se ascolteranno con attenzione, capiranno qualcosa. Informateli ancora della durata del brano, durata che segnaleremo ogni volta nel corso di questa guida.

Quando il brano sarà terminato riunite gli studenti in coppie e dite loro che adesso dovranno confrontare quanto hanno capito, non importa se poco o anche pochissimo. Quando gli studenti avranno scambiato le loro informazioni (saranno sufficienti pochissimi minuti), farete ascoltare di nuovo il brano, alla fine del quale formerete delle nuove coppie e avvierete un nuovo scambio di informazioni.

Crediamo che un massimo di cinque ascolti sia sufficiente affinché la classe raggiunga una comprensione soddisfacente e omogenea del brano. È però assolutamente necessario che ad ogni ascolto segua un confronto all'interno di coppie sempre diverse, in modo che la maggiore quantità di informazioni raggiunga ogni partecipante. Non abbiate timore di far spostare gli studenti per la formazione delle coppie; un po' di movimento diventerà anzi una componente, quasi un elemento ludico, di questa attività. Ricordate comunque che l'attività riguarda soltanto gli studenti. Evitate di diventarne un involontario e invadente partecipante. Non correggete perciò quegli studenti a cui sentiate scambiare informazioni sbagliate e soprattutto non vi fate tirare all'interno dell'attività rispondendo a chi chiede a voi conferma di quanto ha capito. Dite che ogni curiosità sarà soddisfatta, se ve ne sarà ancora necessità, soltanto alla fine dell'attività. Dopo l'ultimo ascolto e l'ultimo scambio di informazioni, dite alla classe di aprire il libro alla pagina del questionario (che per questa prima lezione, non essendo presente nel libro di testo, forniamo in questa guida a pagina 14) accertandovi che quanto in esso richiesto sia stato capito dagli studenti. Date quindi due minuti per rispondere alle domande e un minuto per confrontare le risposte. Allo svolgimento del questionario potrà seguire un ultimo ascolto di verifica.

In questa guida presentiamo per ogni lezione la trascrizione o le trascrizioni degli ascolti in essa presenti. Tali trascrizioni sono ad uso esclusivo dell'insegnante; ne sconsigliamo perciò categoricamente una loro eventuale distribuzione agli studenti. Distribuzione che si rivelerebbe del resto un errore di metodo, giacché trasformerebbe quella che è stata immaginata come attività di ascolto in attività di lettura, tanto più assurda quest'ultima in quanto presenterebbe come lingua scritta quella che è invece lingua parlata, con tutte le sue incertezze, la sua ridondanza, la sua approssimazione e, a volte, i suoi errori.

Un'ultima avvertenza riguarda l'attività di ascolto di questa lezione. Le indicazioni al punto 1 del libro di testo, che prevedono due soli ascolti, sono raccomandate per una classe che abbia già svolto un corso con ***Linea diretta 1*** e che quindi abbia familiarità con questo tipo di attività. Qualora la classe o la maggioranza degli studenti abbia studiato con altri libri di testo, svolgerete l'attività secondo il procedimento descritto qui sopra, distribuendo poi le fotocopie del sottostante questionario oppure proiettando lo stesso con l'aiuto di una lavagna luminosa dopo averne ricavato un lucido.

QUESTIONARIO

a. In che anno Andrea è venuto a Monaco?

Nel 1971 □ Nel 1981 □ Nel 1991 □

b. La moglie di Andrea è
- italiana. □
- tedesca. □

c. Gli inizi dell'attività sono stati
- facili. □
- difficili. □

d. Andrea
- ha avuto □
- non ha avuto □

difficoltà con il tedesco.

e. Andrea pensa di
- ritornare in Italia un giorno. □
- restare in Germania. □

f. Quando Andrea ritorna in Toscana
- si riambienta subito. □
- ha delle notevoli difficoltà. □

E adesso tocca a voi! (2)

Come già accennato nell'introduzione, le attività che seguono questa esortazione sono riservate agli studenti, riguardano cioè esclusivamente i partecipanti al corso e non prevedono nessun intervento dell'insegnante che non sia quello di avviare l'attività e di interromperla quando gli sembrerà che essa si sia esaurita. Le attività di produzione libera orale costituiscono nel corso della lezione il momento in cui lo studente «prova», senza l'ausilio di una struttura fissa quale può essere quella di un esercizio, le conoscenze linguistiche acquisite fino a quel momento. Saranno quindi immancabili gli errori, gli stessi che si commettono del resto ogni volta che si intraprenda una qualsiasi nuova attività di qualunque genere. Evitate di intervenire per correggere lo studente che «sbaglia». Ogni vostro intervento sarebbe improduttivo, spezzando la tensione che si è creata e svilendo lo sforzo che lo studente sta compiendo. Ricordate che, come in uno sport, il vostro compito è quello di insegnare la giusta tecnica, la cui acquisizione da parte dello studente si raggiunge soltanto dopo ripetuti tentativi non tutti coronati da successo, ma tutti validi per lo sforzo che hanno comportato.

Procedimento: Chiarite se necessario quanto richiesto al punto 2. Formate quindi delle coppie e date inizio all'attività. Se ci fossero studenti che non hanno nessun conoscente che risieda all'estero, chiedete loro di presentare un amico o un parente che vive in un'altra città o semplicemente una qualsiasi persona che conoscono.
Un'eventuale attività scritta verrà preferibilmente fatta svolgere a casa.

Lettura (3)

Principali elementi morfosintattici: Alcuni plurali irregolari.

La descrizione che segue può essere saltata dagli insegnanti che abbiano già lavorato con ***Linea diretta 1*** applicando i procedimenti descritti nella guida per l'insegnante del primo volume. Raccomandiamo un tempo di 4 minuti per una prima lettura che ridurrete progressivamente di un minuto per le due letture successive.

Procedimento: Si procederà con questo primo testo analogamente a come si è preceduto con il primo ascolto. Anche in questo caso si tratta di cogliere il significato generale del brano senza soffermarsi sulle forme.

Chiederete perciò agli studenti di leggere la pagina così come leggerebbero un brano nella loro lingua, ossia badando a comprenderne il significato e senza pronunciare a voce più o meno alta le parole. Dite loro che dispongono di 4 minuti per la lettura, tempo che saranno padroni di gestire come vorranno, leggendo una sola volta il brano o più volte, come preferiscono. Salteranno le parole che non conoscono, formulando eventualmente delle ipotesi, suggerite dal contesto, sul loro significato, ma senza ricorrere in nessun caso al vocabolario né tantomeno chiedendo al vicino e disturbandolo quindi nell'attività di lettura. Allo scadere dei quattro minuti (che misurerete orologio alla mano) formerete delle coppie e, dopo aver fatto chiudere i libri, chiederete agli studenti di confrontare quanto hanno capito del testo.
Quando vi sembrerà che la maggioranza degli studenti abbia esaurito lo scambio di informazioni, avvierete una seconda lettura assegnando però stavolta tre minuti, alla fine dei quali, formando delle nuove coppie, procederete a un secondo confronto fra gli studenti. Farete poi svolgere una terza ed ultima lettura della durata di due minuti e un terzo confronto nel quale agiranno ancora delle nuove coppie. Per l'attività successiva, descritta ai punti **a.** e **b.** assegnerete ancora due minuti; ad essa seguirà un nuovo confronto e quindi il controllo in plenum.

Soluzione:

a. *Come i suoi vecchi amici Leo paga le tasse, fa le vacanze estive e deve pensare all'assicurazione dell'automobile.*

b. *Leo ha una disponibilità di tempo che i suoi amici non hanno e svolge la sua professione in modo diverso da loro. Inoltre non è radicato in nessuna città, non ha una famiglia, non ha figli, non ha una casa propria e non ha legami affettivi.*

Pier Vittorio Tondelli ha studiato all'università di Bologna. Ha debuttato come scrittore nel 1980 con *Altri libertini*, a cui sono seguiti poi *Pao Pao* (1982), *Rimini* (1986) e *Camere separate* (1989) lodato quest'ultimo alla sua pubblicazione da diversi critici letterari. Il romanzo racconta la relazione fra Leo, il protagonista, e Thomas, il suo compagno, ricordata dopo la morte di quest'ultimo e intercalata da flash back.
A questo libro sono seguiti *Un weekend postmoderno* (1990) e *L'abbandono*, pubblicato postumo nel 1993. Tondelli ha curato anche alcune antologie di giovani scrittori e ha collaborato a numerosi periodici italiani e stranieri.

Esercizio 4

L'esercizio verrà svolto singolarmente. Gli studenti confronteranno poi in coppia o in piccoli gruppi. Alla fine si confronteranno i risultati in plenum.

Soluzione:

a. *lontano – distante (r. 1)*
sa bene – è ben consapevole (r. 8–9)
ben pagata – ben retribuita (r. 12)
compiti – incombenze (r. 19–20)
completamente – del tutto (r. 20)
non sposato – scapolo (r. 28)

b. *gli occhi (r. 6)*
le labbra (r. 6)
gli studi (r. 15)
i problemi (r. 16)
i colleghi (r. 23)

Esercizio 5

Soluzione: *Il personaggio descritto è Eugenio.*

E adesso tocca a voi! 6

Procedimento: Per lo svolgimento di questa attività vedi quanto detto al punto 2 di questa lezione.

L'attività non presuppone necessariamente un'atmosfera confidenziale fra gli studenti, ma un clima psicologico rilassato la favorirebbe molto. Se non credete che esistano le condizioni per il suo svolgimento saltatela pure, chiedendo eventualmente agli studenti di scrivere a casa un piccolo ritratto di se stessi.
Qualora invece la disposizione al dialogo esista, ma non si sappia da dove cominciare a raccontare di sé, potete, al fine di dirigere la conversazione mantenendola su un piano che non diventi troppo personale, ricorrere al questionario alla pagina seguente che distribuirete agli studenti dopo averlo fotocopiato.
Darete qualche minuto per l'attività di commento alle affermazioni e passerete poi a quella di confronto nella quale gli studenti a coppie dovranno motivare, spiegare e raccontare i propri comportamenti.

Che tipo sei?

Commentate le seguenti affermazioni scrivendo un numero da 1 a 5 nella casella.

1. Sì, sempre **2.** Sì, di solito **3.** Dipende **4.** Non di solito **5.** No, mai.

- La mattina mi alzo presto. ☐
- Ascolto volentieri la radio. ☐
- Mi piace stare da solo / a. ☐
- La sera guardo la televisione. ☐
- Sono nervoso quando incontro gente che non conosco. ☐
- Vado volentieri a piedi. ☐
- Cucino volentieri. ☐
- Quando parto, porto con me qualcosa da leggere. ☐
- Mi piace parlare al telefono. ☐
- Faccio volentieri dello sport. ☐
- Faccio le pulizie con la radio accesa. ☐
- Mi piace essere al corrente di ciò che succede nel mondo. ☐
- Prima di prendere una decisione rifletto a lungo. ☐

Tutte a te capitano!

Lingua orale

Situazione: Guido racconta a Marina una disavventura di qualche giorno prima.

Principali intenzioni comunicative: Chiedere di raccontare. Raccontare. Mostrare interesse per quello che si sta ascoltando. Descrivere l'aspetto di qualcuno. Fare dei paragoni.

Elementi morfosintattici: Uso dell'imperfetto e del passato prossimo. La forma *stare per*. Il comparativo di maggioranza e quello di uguaglianza.

Lingua scritta

Tipo di testo: Una lettera a un'amica.

Elementi morfosintattici: Uso dell'imperfetto e del passato prossimo. Uso di alcune congiunzioni.

Questionario

1

Trascrizione del dialogo

Durata del brano: 3'35"

■ *Allora, Guido, com'era quella storia che stavi raccontando ieri?*
● *Quale? Quella del gioielliere?*
■ *Sì, perché io me ne sono andata proprio mentre la stavi raccontando.*
● *Sì, niente è successo che la mia catenina, sai, quella che ho sempre al collo.*
■ *Con l'immagine della madonnina.*
● *Esattamente, quella, che è un regalo di battesimo*
■ *Ah, di battesimo, pensavo di comunione.*
● *No, no, no, quella si è rotta …*
■ *Mmm …*
● *e allora io sono andato da un gioielliere per farla riparare.*
■ *Sì.*
● *E … sai com'è adesso? I gioiellieri come le banche hanno una doppia porta …*

■ *Certo …*
● *Allora io sono andato lì, ho suonato e lui m'ha aperto la prima porta. Io sono entrato, la prima porta si è chiusa e io stavo per aprire la seconda porta quando improvvisamente una campana, un campanello …*
■ *L'allarme.*
● *L'allarme esattamente, ha cominciato a suonare, dlen, dlen, dlen, dlen, così. Allora sai, naturalmente in quel momento io non capivo bene, no?*
■ *Certo.*
● *E poi mi sono ricordato che avevo in tasca come sempre il mio mazzo di chiavi.*
■ *Ah … quindi quello era un metal detector.*
● *Esattamente. Sai il mio mazzo di chiavi, ci sono le chiavi di casa mia, di casa di mia madre, del garage, dell'ufficio, della macchina …*
■ *Duecento …*
● *Esattamente. E quindi è chiaro, che faceva suonare, era quello che faceva suonare l'allarme.*
■ *Mmm …*
● *Oh, tra l'altro io quel giorno non ero vestito molto bene perché avevo un giaccone blu da marinaio con il collo alzato …*
■ *Ah, ah …*
● *Avevo la barba lunga …*
■ *Ohi, ohi!*
● *I capelli non proprio puliti, sporchi, se vuoi, e poi tra l'altro ero entrato anche con gli occhiali da sole sul naso.*
■ *Oh, no!*
● *Allora naturalmente è chiaro che quello ha pensato …*
■ *Ti ha preso per un rapinatore!*
● *Esattamente. E allora quando io ho capito che era il mio mazzo di chiavi che faceva suonare l'allarme, ho messo la mano in tasca, perché volevo dirgli «No, guardi, è il mio mazzo di chiavi.»*
■ *Certo.*
● *E quello a quel punto – va bene? – ha aperto un cassetto e ha tirato fuori una pistola*
■ *Ah, Dio mio!*
● *e, voglio dire, grazie a Dio attraverso il vetro della porta me l'ha puntata contro.*
■ *No!*
● *Sì.*
■ *Chissà che infarto.*
● *Guarda, e io ho avuto il sangue freddo di dirgli: «Ma guardi che sono le chiavi, sono soltanto le chiavi.» Allora lui mi ha detto, sempre con la pistola contro:*

«Mi faccia vedere queste chiavi!» e me lo ha detto, me lo ha gridato attraverso il citofono, perché naturalmente parlavamo attraverso il citofono.

■ *Eh, certo perché lui si è spaventato.*

● *E certo. È chiaro lui ha pensato a una pistola, no?*

■ *Certo.*

● *E allora io sono andato lì per prendere le chiavi e lui m'ha detto: «No, con la sinistra.»*

■ *Mmm …*

● *Quindi ho preso le chiavi con la sinistra, le ho tirate fuori, lui, insomma, le ha viste e a quel punto si è tranquillizzato, fino a un certo punto perché m'ha aperto la porta e, sempre con la pistola puntata contro, m'ha detto: «Mi dia le chiavi!» Io gli ho dato le chiavi, a quel punto l'allarme non ha più suonato …*

■ *Per fortuna.*

● *Per fortuna. Lui ha capito che insomma io non …*

■ *T'ha chiesto scusa?*

● *Sì, dopo sì, ma sai in quel momento, voglio dire, io ero spaventato …*

■ *Lui pure.*

● *Lui era spaventato quanto me, insomma.*

■ *Certo, è vero.*

● *Eh, niente. A quel punto sono entrato, ma lui stava sempre con la pistola in mano e io gli ho detto: «Guardi, per favore metta via quella pistola perché Lei mi fa morire di paura». E niente, sai, stavamo lì. Io ero bianco come un lenzuolo, lui era più bianco di me, e io gli ho detto: «Guardi, andiamo al bar, prendiamoci qualcosa!» e così tutti e due, più morti che vivi per lo spavento, siamo andati al bar, ci siamo presi un cognac, e poi, e poi insomma niente, la storia è finita lì. Alla fine c'era anche da ridere. Però la paura, guarda, la paura …*

■ *Madonna, Guido, però insomma tutte a te capitano!*

● *Tutte a me, incredibile!*

Procedimento: Come indicato a pagina 12 di questa guida.

Se lo ritenete opportuno potete, al fine di facilitare l'attività di comprensione, presentare, anticipandolo rispetto all'ascolto, parte del vocabolario presente nel brano registrato.
Ricorrete alla fotografia di p. 13, ma non permettete agli studenti di leggere il questionario. Chiedete loro cosa è possibile acquistare in una gioielleria, senza indugiare però troppo sul vocabolario relativo alla mercanzia, almeno non dopo che vi sia stato indicato il termine corrispettivo dell'italiano *catena* o *catenina*. Chiedete loro piuttosto se lavorerebbero volentieri in una gioielleria. Dal momento che sicuramente qualcuno accennerà al pericolo di subire una rapina, chiedete quali sono le misure di sicurezza

che adotta di solito un gioielliere per proteggersi dai rapinatori. Ottenute le risposte, avviate il registratore e iniziate l'attività d'ascolto.

Soluzione:
a. *un mazzo di chiavi* **b.** *la catenina* **c.** *ha sentito una campana*
d. *ha preso una pistola* **e.** *bar – prendere un cognac*

2 Dialogo

Situazione: Marina chiede a Guido di raccontarle la storia che ieri non ha finito di ascoltare.
Principali intenzioni comunicative: Chiedere di raccontare. Domandare conferma. Confermare.
Principali elementi morfosintattici: Uso dell'imperfetto e del passato prossimo. La forma *stare per*.
Procedimento: Per questo dialogo presentiamo qui due tecniche. Con la prima possono essere affrontati tutti i dialoghi presenti in ***Linea diretta 2,*** la seconda vuole essere un'alternativa a cui ricorrere in caso di dialoghi lunghi o di dialoghi in cui si voglia che lo studente si concentri su dei particolari contenuti. Ognuno di voi potrà optare quindi per il procedimento che riterra più opportuno per la sua classe.
Una delle tecniche che riteniamo più proficue è quella di costruire il dialogo alla lavagna con l'aiuto del registratore e con la partecipazione attiva degli studenti, secondo le indicazioni che ci apprestiamo a fornire.
Dite innanzitutto ai vostri studenti di chiudere il libro e fate ascoltare un paio di volte il dialogo. Fate ascoltare quindi la prima battuta e, rivolgendovi alla classe, chiedete se c'è qualcuno in grado di ripeterla.
Probabilmente non otterrete l'intero enunciato. Fatelo allora ascoltare ancora un paio di volte e scrivete di esso alla lavagna soltanto quelle parole che la classe sarà in grado di fornirvi, tracciando, per ognuna di quelle mancanti, una breve linea. Se per esempio gli studenti non riuscissero ad afferrare la forma *stavi raccontando*, scriverete l'enunciato in questo modo: *Allora, Guido, com'era quella storia che* __________ __________ *ieri?* Chiederete quindi agli studenti quale può essere il verbo mancante, in modo da portarli alla scoperta di esso attraverso il contesto del quale fa parte. Se qualcuno dirà che il verbo è raccontare, fate ascoltare ancora una volta l'intera battuta cosi che sia in grado di fornirvi anche la forma corretta. Se ciò non fosse possibile, passate pure agli altri enunciati, cercando poi di aiutare gli studenti a completare le lacune secondo dei criteri di logica. Una volta

costruito il dialogo, lo farete ascoltare ancora una volta a libro aperto. Procedendo secondo questa tecnica, visto che in questo caso specifico si tratta di un dialogo relativamente lungo, vi consigliamo di dividerlo in due parti (e cioè fino a «per farla riparare»). A questa prima parte seguiranno la spiegazione grammaticale e lo svolgimento degli esercizi 3, 4 e 5. Per la seconda parte del dialogo procederete nel modo indicato, avendo cura di spezzare le battute di Guido al fine di facilitarne la comprensione. Seguirà l'esercizio 6.

Con una classe particolarmente lenta o poco abituata alla ricostruzione dei dialoghi alla lavagna, vi consigliamo di riprodurre su lucido o su fotocopia il dialogo sottostante e di invitare gli studenti a completare le lacune mentre ascoltano il testo. Poiché nel testo mancano solo i verbi all'imperfetto o al passato prossimo, l'attenzione degli studenti verrà automaticamente convogliata sull'uso di questi due tempi.

■ *Allora, Guido, com'* ______ *quella storia che* _________ *raccontando ieri?*

● *Quale? Quella del gioielliere?*

■ *Sì, perché io me ne* ______ ____________ *proprio mentre la* ______________.

● *Sì, niente,* _____ ________________ *che la mia catenina, sai, quella che ho sempre al collo …*

■ *Quella con la madonnina?*

● *Esattamente quella.* _________ _________ *e allora io* __________ ____________ *da un gioielliere per farla riparare. E sai com'è adesso? I gioiellieri come le banche hanno una doppia porta.*

■ *Certo.*

● *Allora io* _____ ____________ *e il gioielliere m'* _____ ____________ *la prima porta. Io* ______ _________, *la prima porta* ______ ____ ____________ *e io* _________ *per aprire la seconda porta, quando improvvisamente una campana, un campanello,* ______ ______________ *a suonare.*

È probabile che, una volta letto il dialogo, qualche studente vi domandi quale sia la differenza fra la forma *stavi raccontando* e l'altra *raccontavi*, differenza che le prime battute del dialogo non evidenziano pienamente.
La forma con il gerundio (da alcuni definita *progressiva*) all'imperfetto come al presente richiama l'attenzione sullo svolgimento dell'azione per metterne in evidenza la sua attualità (uso presente) o per contrapporla a un'altra azione che segue e che interviene in modo brusco o «drammatico» a modificare lo svolgimento della prima (uso passato). A una frase del tipo *stavo uscendo*, ad esempio, segue immancabilmente la congiunzione *quando* (o altra analoga) seguita a sua volta da un verbo coniugato al passato prossimo e che descrive un'azione dopo il cui intervento la prima risulterà o interrotta o modificata. È del resto il caso presentato nell'ultima battuta del dialogo là dove Guido dice *«Stavo per aprire la seconda porta quando una campana, un campanello, ha cominciato a suonare»*, con la sola differenza che la forma *stare per* si riferisce non ad una azione che è stata interrotta, ma ad una che non è riuscita neanche a prodursi.
Anche ad un imperfetto semplice può seguire un verbo al passato prossimo che descrive un'azione il cui intervento modifica in tutto o in parte l'azione precedente. In quest'ultimo caso però l'intervento della seconda azione risulta meno drammatico e l'attenzione è portata piuttosto sull'azione descritta con l'imperfetto (e preceduta dalla congiunzione *mentre*) che non su quella per la quale è richiesto l'uso del passato prossimo. Per concludere si confrontino le due frasi:

Stavo ritornando a casa, quando ho incontrato Mario.

Mentre ritornavo a casa, ho incontrato Mario.

Si noti come la soluzione «stilistica» assunta nella prima frase crei, in chi legge, l'attesa di un cambiamento nella sequenza degli eventi, provocato proprio dall'imprevisto sopraggiungere di Mario.
Assai più tranquillizzante e puramente episodico – privo cioè di conseguenze – appare invece l'incontro nella seconda frase.

Esercizio 3

Probabilmente non tutto il lessico relativo a quest'esercizio sarà noto agli studenti. Chiedete quindi loro di dare uno sguardo agli elementi con cui dovranno costruire i dialoghi spiegando le parole non ancora conosciute. Gli studenti eseguiranno l'esercizio in coppia. Quando la maggior parte di loro avrà finito, correggerete un paio di dialoghi in plenum.

Diamo a titolo di esempio il dialogo relativo alla sequenza **a.**

■ *Allora, com'era quella trasmissione radiofonica che stavi ascoltando?*
● *Quale? Quella sui giovani?*
■ *Sì, io me ne sono andato/-a proprio mentre tu la ascoltavi.*

Esercizio 4

Date agli studenti uno o due minuti di tempo per svolgere l'esercizio e controllate poi i risultati in plenum.
Una volta svolto l'esercizio potete spiegare il lessico presente nella fotografia e non riportato nel glossario finale.

Esercizio 5

Diamo a titolo di esempio il dialogo relativo alla sequenza **a.**

● *È successo che il mio orologio …*
■ *Quello d'oro?*
● *Esattamente quello. Si è rotto e io allora sono andato da un orologiaio per farlo riparare.*

Esercizio 6

Diamo a titolo d'esempio la frase relativa alla sequenza **a.**
Stavo per uscire quando è scoppiato un temporale.

7 Dialogo

Situazione: Guido descrive il suo aspetto fisico il giorno in cui ha avuto la disavventura.
Principali intenzioni comunicative: Descrivere. Esprimere partecipazione e disappunto. Trarre una conclusione.
Principali elementi morfosintattici: Uso dell'imperfetto in una descrizione al passato.
Procedimento: Secondo la tecnica presentata al punto 2 di questa lezione. Per un diverso approccio vedi il procedimento illustrato in appendice.

8 Esercizio

Soluzione:
Marina aveva un grosso paio di orecchini, una camicia a pois, una minigonna arancione e un paio di sandali. Anna aveva un cappello bianco, una maglietta arancione, un paio di bermuda verdi e un paio di stivali da cow-boy. Fausto aveva un fazzoletto in testa, una camicia a scacchi, un paio di jeans strappati e un paio di scarpe da ginnastica.

9 E adesso tocca a voi!

Per lo svolgimento di questa attività potete chiedere ai vostri studenti di portare in classe la fotografia di una festa di carnevale e di descriverla poi agli altri studenti, oppure portare voi in classe delle fotografie tratte da riviste.

10 Dettato

Procedimento: A libro chiuso fate ascoltare una volta l'intero brano. Dite poi agli studenti di aprire il libro a pagina 18 e di fornirsi di una matita (e possibilmente anche di una gomma) perché dovranno adesso scrivere le parole che al testo mancano. Avvertiteli che ascolteranno molte volte il brano e che contemporaneamente dovranno scrivere le parole che mancano, parole che già conoscono (sono tutte già comparse in questo e/o nel libro precedente) ma che adesso dovranno riconoscere nella continuità del dialogo registrato. Dite che, diversamente da quanto avete

fatto con i dialoghi precedenti, non fermerete la cassetta alla fine di ogni battuta, ma soltanto dopo l'ultimo enunciato.
Avviate quindi il registratore e fate ascoltare il brano per almeno cinque volte. Dopo il quinto ascolto, riunirete gli studenti in coppie e avvierete l'attività di confronto.
Fate adesso ascoltare ancora il brano e formate delle nuove coppie di studenti. Proseguite ancora in questo modo finché non vi sembrerà che gli studenti abbiano completato il brano o che comunque non siano più in grado di procedere. È possibile che, alla fine, nonostante gli ascolti ripetuti, non tutte le parole siano state riconosciute dagli studenti; cercherete allora di ottenerle facendo riferimento al contesto. Così se, per esempio, nell'enunciato *«Guardi, per favore metta via quella pistola perché Lei mi fa morire di paura»* gli studenti non fossero stati in grado di riconoscere la locuzione *per favore* farete riferimento all'imperativo che segue. «Metta via – direte – è una richiesta. Con quali parole una persona gentile accompagna una richiesta?»
Se invece sempre nello stesso enunciato gli studenti non avessero capito il dimostrativo *quella*, indicherete la parola *pistola* e chiederete che cosa può precederla essendo questa un sostantivo. Se poi infine alla classe fosse sfuggita la congiunzione *perché* indicherete le due proposizioni che seguono l'imperativo *guardi* e chiederete quale parola può unirle. Agirete insomma nel modo descritto e raccomandato al punto 2 di questa stessa lezione.
Con il dettato dunque si tratta sì di riconoscere parole già conosciute attraverso l'orecchio, ma dove questo non sia sufficiente lo studente è chiamato a esercitare le proprie conoscenze grammaticali e lessicali, in una parola la propria competenza.

Soluzione:

■ *T'ha chiesto scusa?*

● *Sì, dopo sì, ma sai in quel momento, voglio dire, io ero spaventato, lui era spaventato quanto me, insomma.*

■ *Certo, è vero.*

● *Eh, niente. A quel punto sono entrato, ma lui stava sempre con la pistola in mano e io gli ho detto: «Guardi, per favore metta via quella pistola perché Lei mi fa morire di paura.» E niente, sai, stavamo lì. Io ero bianco come un lenzuolo, lui era più bianco di me, e io gli ho detto: «Guardi, andiamo al bar, prendiamoci qualcosa!». E così tutti e due, più morti che vivi per lo spavento, siamo andati al bar, ci siamo presi un cognac, e poi insomma niente, la storia è finita lì. Alla fine c'era anche da ridere. Però la paura, guarda, la paura …*

■ *Madonna, Guido, però insomma, tutte a te capitano!*

● *Tutte a me. Incredibile!*

11 Esercizio

Soluzione:
a. *rosso* **b.** *rosso* **c.** *gialla* **d.** *neri, bianco*

12 Esercizio

Diamo a titolo d'esempio la frase relativa alla sequenza **a.**
Io ero stanco morto, tu eri più stanco di me.
Io ero stanco morto, tu eri stanco quanto me.

13 Esercizio

Diamo a titolo d'esempio il dialogo relativo alla sequenza **a.**
● *Quella tua amica è davvero intelligente!*
▲ *Mah, secondo me è più furba che intelligente.*

14 Esercizio

Soluzione:
- *È successo che ...*
- *E allora ...*
- *Tra l'altro ...*
- *Niente ...*
- *E così ...*

15 E adesso tocca a voi!

Per le attività di produzione libera, orale o scritta che sia, abbiamo sempre raccomandato all'insegnante di non intervenire, lasciando liberi gli studenti di prodursi, esprimendosi con i loro mezzi sia pure imperfetti e approssimativi. Pur valendo la raccomandazione anche in questo caso, è ovvio che fornirete agli studenti che ve lo chiedano il lessico necessario a raccontare le loro esperienze.

Lettura

16

Principali elementi morfosintattici: Uso del passato prossimo e dell'imperfetto. Uso di alcune congiunzioni.
Procedimento: Come spiegato al punto 3 di ***Ricominciamo***, dando 4 minuti di tempo per la prima lettura.

Nel testo compaiono *finalmente* e *alla fine*. Le due forme avverbiali si differenziano fra loro per una sfumatura di significato: la seconda indica semplicemente la fine di una sequenza di azioni, la prima esprime invece la soddisfazione per il fatto che quella sequenza si è «finalmente» conclusa.
All'ottava riga del secondo paragrafo compare la congiunzione causale *perché* già conosciuta dagli studenti; alla riga successiva compare l'analoga congiunzione *siccome*. La differenza fra le due forme consiste nella loro differente posizione: usando *siccome* si fa precedere la subordinata causale alla proposizione principale; con *perché* l'ordine risulta invece invertito.
Nel libro degli esercizi alle due congiunzioni è dedicato un esercizio.
Ancora nel libro compare un esercizio di fissaggio dedicato alla differenza fra *finché* e *finché non*.
Si tratta comunque in realtà di una sola congiunzione *finché* avente il significato di *per tutto il tempo che* e indicante quindi la durata di un'azione.
Il significato di durata apparirà più chiaro in una frase del tipo *finché continua a piovere resto a casa*, dove la durata della permanenza fra la mura domestiche è relativa a quella della pioggia. Per indicare invece il momento in cui finalmente si può uscire da casa, oltre alla sostituzione del verbo *continuare* con *smettere* occorre una congiunzione che abbia significato opposto a quello di durata. La semplice apposizione della negazione *non* garantisce il risultato: *Resto a casa finché non smette di piovere*.
Resto a casa, cioè, per tutto il tempo che **non** smette di piovere.
Il fatto che la differenza fra le due congiunzioni sia affidata al solo *non* fa sì che, dove il contesto da solo escluda confusioni, molto spesso si usi *finché* anche là dove si dovrebbe invece usare *finché non*.

17 Esercizio

Soluzione:
Due azioni contemporanee sono presenti nella frase **c**.
Un'intenzione è presente nella frase **d**.
Una conseguenza è presente nella frase **b**.
Una decisione presa è presente nella frase **a**.

Per quanto riguarda la differenza dell'uso del passato prossimo e dell'imperfetto, oltre alle consuete indicazioni riportate un po' in tutte le grammatiche c'è sembrato utile, per tentare di rendere il discorso più esauriente, presentare tre ulteriori distinzioni: l'uso dell'imperfetto per esprimere un'intenzione e una decisione presa e quello del passato prossimo per presentare invece una conseguenza.
Negli usi dell'imperfetto appena descritti non è importante che la decisione o l'intenzione si siano realizzate; è importante invece che esse siano presentate come dati già stabiliti e non come la conseguenza di una causa; in quest'ultimo caso infatti sarebbero entrambe espresse con il passato prossimo.

18 Esercizio

Soluzione:
a. *aspettavo – ho visto* **b.** *aspettavo – guardavo* **c.** *giocavano – cucinava* **d.** *giocavano – ha chiamati* **e.** *leggeva – guardava* **f.** *si è addormentato – guardava*

19 E adesso tocca a voi!

Darete quindici – venti minuti per lo svolgimento di questa attività, avvertendo gli studenti che non devono necessariamente riferire tutti gli inconvenienti elencati. Nel tempo stabilito dovranno comunque terminare la lettera e, alla fine del quarto d'ora, scambiarla (terminata o no) con quella dello studente che gli siede accanto. I due studenti di ogni coppia (e i tre dell'ultimo gruppo qualora il numero dei componenti del corso sia dispari) cercheranno poi insieme nelle loro lettere gli errori commessi. Per lo svolgimento di quest'ultima attività non assegnerete più di dieci minuti.
Abbiate comunque l'accortezza di non affidare la formazione delle coppie

alla semplice disposizione degli studenti in classe qualora il livello del corso non sia omogeneo. Evitate cioè (a meno che fra i due non intercorra un buon rapporto) che uno studente particolarmente dotato si trovi a correggere gli errori di uno non altrettanto capace. Agite dunque ancora una volta con la psicologia e la sensibilità necessarie.
Darete non più di dieci minuti per l'attività di correzione, durante la quale sarete comunque a disposizione degli studenti qualora questi richiedano il vostro giudizio.

Test

20

I.
a. *per – suonare* **b.** *era – da – da* **c.** *nel – in* **d.** *come – di – e – che – per*

II.
a. *a* **b.** *per* **c.** *di* **d.** *da – da* **e.** *per* **f.** *di* **g.** *di* **h.** *di*

III.
doveva – voleva – sono partite – si è accorta – sono dovute – Era – è voluta – era – doveva – è passato – è riuscita

LEZIONE 2

Volevo chiederLe una cortesia

Lingua orale

Situazione: La signora Maroni, che sta passando alcuni giorni di vacanza in Abruzzo, si intrattiene con il suo vicino il signor De Luca.

Principali intenzioni comunicative: Rivolgere la parola. Scusarsi. Chiedere e dare informazioni. Fare una considerazione. Chiedere un consiglio. Indicare una soluzione sottoponendola a una condizione. Offrire la propria disponibilità. Ringraziare. Congedarsi.

Elementi morfosintattici: Uso dell'imperfetto del verbo *volere* per presentare una richiesta. Uso dell'avverbio *certo* per fare una considerazione. Uso condizionale del gerundio. Uso delle preposizioni *di* e *da* dopo i pronomi indefiniti *qualcosa* e *niente*.

Lingua scritta

Tipo di testi: Un articolo su un itinerario intorno al delta del Po tratto da *Gente money*. Un articolo sull'Abruzzo tratto da *Il Giornale*. Una poesia di Stefano Benni.

Elementi morfosintattici: La forma impersonale dei verbi riflessivi.

Elementi di civiltà: Informazioni su alcune località di interesse turistico in Italia.

1 Lettura

Principali elementi morfosintattici: La forma impersonale dei verbi riflessivi.

Date un minuto di tempo per leggere il testo di pagina 26. Verificatene quindi in plenum la comprensione chiedendo che cos'è la Navarcus, cosa ci vuole di solito per guidare una barca e come sono le barche offerte dalla Navarcus.
Per *darsena* si intende uno specchio d'acqua nei porti, cinto da banchine, officine etc., dove le navi possono sostare per le riparazioni.

Prima di passare alla lettura del secondo brano, chiedete agli studenti se conoscono i luoghi nominati nella cartina a pagina 27, se sono stati nella zona e, qualora ci siano stati, che itinerario raccomanderebbero a chi volesse visitare il posto.
La *conca* (di navigazione) è un bacino in muratura che permette alle imbarcazioni di passare da un tronco di navigazione a un altro di diversa altitudine.

Una volta completata l'attività di lettura e quella di identificazione dei luoghi non nominati nella cartina (la sequenza è Ferrara, Ponte Lagoscuro, *Polesella*, Crespino, *Villanova Marchesana*, Papozze, *Ariano nel Polesine*, *Mesola*, Goro, Pomposa, Comacchio, *Ostellato*, Migliarino, *Final di Rero*) chiedete ai vostri studenti di individuare i verbi coniugati nel testo alla forma impersonale. Scriveteli quindi alla lavagna e, facendo notare la particolarità del gruppo pronominale *ci si*, chiedete ai vostri studenti se sanno fornirvene la ragione.

Esercizio 2

Affinché l'esercizio **b.** non si trasformi in una stanca elencazione dei nomi dei luoghi e dei monumenti che in essi si trovano, converrà assegnarlo come lavoro scritto che potrete far svolgere individualmente o a coppie. Darete 10–15 minuti di tempo alla fine dei quali avvierete un'ulteriore attività di autocorrezione per il cui svolgimento rinviamo a quanto detto al punto 19 della prima lezione.

Soluzione:

a. *si hanno – si vuole – si può – si prende – si esce – ci si immette – si può – si prosegue – ci si ferma – si vuole – si può – si può – Si continua – si prende – si sale – si gode*

E adesso tocca a voi! 3

Per lo svolgimento di questa attività vedi quanto detto al punto 2 di ***Ricominciamo.***

Se non lo avete già fatto fare con l'esercizio precedente, potete far svolgere per iscritto la presente attività. Ma i rischi della stanca elencazione a cui si è accennato sopra sono qui meno presenti, dato che lo studente conosce i posti ed ha scelto l'itinerario che si dispone a descrivere fra i tanti possibili che poteva presentare.

4 Questionario

Trascrizione del dialogo
Durata del brano: 3'07"

■ *Senta, scusi!*
● *Sì, buongiorno.*
■ *Buongiorno. Mi scusi se La disturbo nel suo riposo pomeridiano.*
● *No, no stavo innaffiando …*
■ *Io sono la vicina … come vede questa …*
● *Ah, abita qui in questa villetta …*
■ *Abito qui in questa villetta da qualche giorno, ci siamo, credo, incontrati, così, o visti la sera …*
● *Sono in vacanza? Ho visto anche qualcuno con Lei, la famiglia, penso …*
■ *Sì, sì, sì … eh … mia sorella, mia sorella con i bambini.*
● *Si trovano bene?*
■ *Sì, benissimo, benissimo. Lei è di qui?*
● *Sì, sì, ho lavorato a L'Aquila e poi con i soldi della liquidazione, così, ho comprato questa villetta …*
■ *Che meraviglia! E quindi passa …*
● *E mi sono ritirato qui, sì.*
■ *Ho capito.*
● *Passo qui quasi tutto l'anno con puntate a Roma, a L'Aquila.*
■ *Che fortuna, che fortuna … Noi ci siamo invece, così, presi in affitto questa casetta per un tre settimane per riposarci …*
● *Bene …*
■ *per riposarci un tantino e qui certamente riusciamo a farlo perché con tutta questa natura, questo silenzio, è bellissimo.*
● *Eh, mi fa piacere, sì sì …*
■ *Senta, io volevo chiederLe una cortesia.*
● *Mi dica.*
■ *Certo passeggiare fa molto bene e ci piace tantissimo, volevamo però fare qualche gita nei dintorni, vedere qualcos'altro.*
● *Sì, ma c'è solo, c'è soltanto l'imbarazzo della scelta qui.*
■ *Sì, mi dica un po', dov'è che si potrebbe andare …*
● *Mah, se vogliono natura, c'è, se vogliono arte, qualcosa c'è.*

■ *Ecco, ecco, per esempio …*

● *Cominciando con la natura, ecco, si può fare qualche puntatina dell'arco di una giornata, così …*

■ *Sì, pensando anche che ci sono i bambini, cioè qualcosa che sia accessibile anche a loro.*

● *Eh sì, tutto deve risolversi nell'arco di un giorno.*

■ *Certo.*

● *Allora può per esempio da qui che siamo a Barrea, praticamente, no?*

■ *Sì, sì.*

● *andare a Pescasseroli qualche volta.*

■ *Sì. Quanto dista?*

● *Mah, sono 40 Km. Castel di Sangro è molto bella, Rivisondoli è meravigliosa …*

■ *Anche per i bimbi?*

● *Sì, sì, sì. Rivisondoli, poi Pesco Costanzo, vedere anche il Gran Sasso per esempio, accessibile anche con i bambini perché c'è la funivia …*

■ *Ah, ho capito.*

● *Sì, che porta su.*

■ *Sì, perché dopo un'ora un'ora e mezzo, insomma, i bambini si stancano poi a camminare …*

● *Se invece vogliono qualcosa di più culturale …*

■ *Sì, difatti …*

● *Eh, sì, allora c'è una bellissima città di origine romana, Alba Fucens, vicino ad Avezzano.*

■ *Ah, ah.*

● *Ben conservata, l'hanno scavata circa venti anni fa, l'hanno portata alla luce.*

■ *Alba Fucens, ha detto.*

● *Sì, con tutto il foro e un anfiteatro …*

■ *Ah, benissimo.*

● *ancora praticabili e poi c'è a L'Aquila per esempio qualcosa di bello da vedere, la chiesa di San Bernardino, barocca …*

■ *Sì, sì, sì, sì...*

● *poi Santa Maria di Collemaggio …*

■ *Sì, ma penso che adesso basti, penso, per i prossimi dieci giorni, forse avremo occasione ancora di rincontrarci...*

● *Prima che se ne vanno possono benissimo venire qui e chiedermi tutto quello che vogliono.*

■ *Certo. Io La ringrazio infinitamente, allora.*

● *Ma di che, signora.*

■ *Allora arrivederci.*

- *ArrivederLa.*
- *Buongiorno.*
- *Buongiorno.*

Prima di iniziare l'ascolto chiedete ai vostri studenti se qualcuno di loro è già stato in Abruzzo. Fate parlare chi conosce la regione raccogliendo informazioni su di essa.

Procedimento: Come indicato a pagina 12 di questa guida.

Soluzione:
a. *Tre settimane.*
b. *Con la sorella e i nipoti.*
c. *Alba Fucens, Castel di Sangro, L'Aquila, Pescasseroli, Pecocostanzo, Rivisondoli.*

5 Dialogo

Situazione: La signora Maroni si rivolge al signor De Luca.
Principali intenzioni comunicative: Rivolgere la parola. Fare una considerazione. Chiedere un consiglio. Indicare una soluzione sottoponendola a una condizione.
Principali elementi morfosintattici: Uso dell'imperfetto per fare una richiesta. Uso del gerundio in una proposizione condizionale.
Procedimento: Secondo la tecnica indicata al punto 2 della prima lezione.

La forma *volevo* usata per formulare una richiesta e quindi analoga a *vorrei* è ormai impiegata quanto e forse più della forma con il condizionale. Per rendersene conto basta entrare in un qualsiasi negozio e ascoltare le richieste dei clienti. Meno diffusa, e anzi decisamente limitata alle regioni settentrionali del Paese, è invece la forma *dov'è che* presente nella quinta battuta.

6 Esercizio

Poiché gli studenti in quest'esercizio dovranno, oltre che scegliere la frase più pertinente, inserire anche i pronomi, vi consigliamo, prima di far svolgere l'intero esercizio, di fare in plenum il primo esempio.

Soluzione:
chiederti / Le un consiglio – farti una proposta – chiederLe scusa per il rumore di ieri – domandarLe / ti qualcosa – chiederti un favore

Esercizio

7

Potete trasformare quest'esercizio in un gioco.
Date agli studenti 5 minuti di tempo per completare le frasi. Dividete quindi la classe in due gruppi a ognuno dei quali darete la fotocopia ingrandita dello schema qui sotto.

Certo Roma è caotica, però	Certo la Costa Smeralda è cara, però	Certo visitare i musei è interessante, però ....
Certo il riso integrale è più sano, però	Certo la Ferrari è una bellissima macchina, però	Certo il russo è una lingua affascinante, però ....
Certo prendere il sole mi piace, però	Certo qui in montagna fa freddo, però...........	Certo passare le vacanze con gli amici è divertente, però ....

Dite agli studenti che avranno adesso altri 5 minuti di tempo per trascrivere nello schema qui sopra la frase che sembra loro migliore fra quelle che ognuno di loro ha scritto. Avvertiteli che dovranno completare insieme anche la frase della casella centrale (che non era prevista nell'esercizio).

Le frasi che gli studenti trascriveranno dovranno ovviamente essere, oltre che corrette dal punto di vista grammaticale, anche sensate.
Mentre gli studenti svolgeranno l'attività loro assegnata, voi copierete sulla lavagna (o proietterete con una lavagna luminosa) lo schema qui sopra. Trascorso il tempo assegnanto, darete inizio al gioco stabilendo, con il lancio di una moneta, quale gruppo dovrà rispondere per primo. Il gioco che vi presentiamo è una variante del cosiddetto «filetto» o «tris». Ogni squadra dovrà completare una frase che sceglierà liberamente dallo schema. Se la risposta è esatta traccerete nella casella corrispondente una croce o un cerchio. Vincerà ovviamente la squadra che riuscirà per prima in orizzontale, verticale o diagonale ad allineare uno accanto all'altro tre segni dello stesso tipo.

8 Esercizio

La forma implicita (con il gerundio) sostituisce di solito la forma esplicita (con la congiunzione) quando la proposizione principale e la subordinata condizionale hanno lo stesso soggetto. Il gerundio può ricorrere tuttavia anche quando i due soggetti siano differenti, come nella frase a. di questo esercizio, in cui il soggetto della subordinata condizionale coincide con l'oggetto della proposizione principale.

Ecco alcune brevi notizie sui posti raffigurati:

Caserta. Il Palazzo Reale fu costruito dal Vanvitelli fra il 1752 e il 1774 e ultimato negli interni un secolo dopo. Ha 1200 stanze ed è circondato da un grande parco.

Castel del Monte. Il castello fu fatto costruire da Federico II tra il 1240 e il 1250. Ha una singolare struttura a pianta ottagonale con otto torri pure ottagonali negli spigoli.

Parma. Il Battistero, romanico-gotico, a pianta ottagonale fu costruito fra il 1196 e il 1260.

Bolsena. Città di origine etrusca sull'omonimo lago vulcanico che ha una superficie di 114,53 kmq.

Monreale. Il Duomo fu fatto costruire da Guglielmo II nel 1174. I mosaici dell'interno furono eseguiti tra la fine del XII e la metà del XIII secolo e rappresentano scene del Vecchio e del Nuovo Testamento.

Spoleto. Piazza del Duomo. Il Duomo, eretto in forme romaniche nel secolo XII, fu poi manomesso nel '600.

Soluzioni:

a. *Passando / Se passa – Spoleto*
b. *Andando / Se andate – Monreale*
c. *Attraversando / Se attraversi – Parma*
d. *Volendo / Se si vuole – Bolsena*
e. *Potendo / Se potete – Caserta*
f. *Essendo / Se è – Castel del Monte*

Lettura 9

Per introdurre l'argomento trattato nel testo chiedete ai vostri studenti se sono già stati in un parco nazionale e, se sì, in quale e se gli è capitato di imbattersi in animali. Informateli poi che leggeranno un testo sul Parco Nazionale d'Abruzzo. Date loro cinque minuti per leggere il brano e procedete poi secondo la tecnica indicata al punto 3 di ***Ricominciamo.***
Alla fine della seconda socializzazione invitateli a dividere un foglio di quaderno in tre colonne e ad annotare su ognuna di esse le informazioni che si riferiscono alla geografia, alla fauna e alle strutture ricettive. Fate poi confrontare in coppie o in minigruppi quanto hanno scritto.

Si dice che una zona è carsica quando i rilievi che la compongono sono attraversati da fenditure che permettono un rapido assorbimento delle acque e la loro conseguente circolazione sotterranea.

E adesso tocca a voi! 10

Per lo svolgimento di questa attività vedi quanto detto al punto 2 di ***Ricominciamo***.

Presentiamo qui un questionario con il quale potete sostituire efficacemente l'attività di produzione orale prevista a questo punto.
Quando gli studenti avranno risposto a tutte le domande, confronteranno fra loro a coppie o a piccoli gruppi commentando le loro scelte.

È vero? **sì no**

	sì	no
• Mi piace passare le vacanze in posti assolutamente tranquilli, lontano dalle città.	☐	☐
• Preferisco andare in vacanza con qualcuno.	☐	☐
• Ho già partecipato a viaggi organizzati.	☐	☐
• Odio stare al mare in alta stagione.	☐	☐
• In genere preferisco il campeggio a una camera d'albergo.	☐	☐
• C'è un posto in Italia che ancora non conosco e in cui mi piacerebbe andare.	☐	☐
• C'è un posto dove ritorno volentieri.	☐	☐
• Non andrei mai in vacanza in un club.	☐	☐
• Quando vado in vacanza prenoto sempre almeno tre mesi prima.	☐	☐
• In vacanza non potrei assolutamente fare a meno della macchina.	☐	☐
• C'è un oggetto che porto sempre con me quando vado in vacanza.	☐	☐

Dettato (11)

Procedimento: Secondo la tecnica indicata al punto 10 della prima lezione.

Soluzione:
● *Se invece vogliono qualcosa di più culturale ...*
■ *Sì, difatti.*
● *Eh, sì, allora c'è una bellissima città di origine romana, Alba Fucens, vicino ad Avezzano, ben conservata. L'hanno riportata alla luce circa venti anni fa.*
■ *Alba Fucens, ha detto.*
● *Sì, con tutto il foro e un anfiteatro ancora praticabili. E poi a L'Aquila c'è ancora qualcosa di bello da vedere, per esempio la chiesa barocca di San Bernardino e quella di Santa Maria di Collemaggio.*

Fate notare la differenza fra le due congiunzioni *difatti* e *allora*. Con la prima la signora Maroni conferma l'ipotesi formulata dal suo interlocutore, con *allora* il signor De Luca presenta la conclusione dell'ipotesi appena avanzata.

Esercizio (12)

Achille Campanile, pseudonimo di Gino Cornabò, (Roma 1900 – Velletri 1977) è uno dei maggiori umoristi italiani di questo secolo. La sua comicità si basa soprattutto sull'illogicità delle situazioni e sulla paradossalità e il *nonsense* dei dialoghi. Fra i suoi libri più famosi: *Centocinquanta la gallina canta, Agosto moglie mia non ti conosco, Manuale di conversazione.*

Diamo a titolo di esempio soltanto il dialogo relativo alla sequenza **a.**
● *Se vuoi qualcosa di più secco ...*
■ *Sì, difatti.*
● *Allora c'è questo Soave del Garda.*

Esercizio (13)

Dite ai vostri studenti che ascolteranno di nuovo l'intero dialogo e che dovranno trascrivere le espressioni a cui rinvia l'esercizio.
Affinché lo svolgimento dell'attività sia chiaro avvierete il registratore chiedendo agli studenti di dirvi STOP appena avranno riconosciuto la for-

mula con la quale la signora Maroni si rivolge al vicino (*Senta scusi*). Chiarito il funzionamento dell'esercizio, avvierete di nuovo il registratore facendo ascoltare il dialogo fino alla fine. Dopo la prima socializzazione, farete ascoltare il brano ancora una volta e procederete a un secondo confronto a coppie. A questo punto chiederete agli studenti se hanno svolto l'intero esercizio e se vogliono ascoltare ancora una volta. Alla fine dell'attività confronterete i risultati in plenum.

A un certo punto la speaker, per interrompere la conversazione, dice «*Penso che adesso basti*». Se gli studenti si accorgessero che *basti* non è un presente indicativo, spiegate pure che si tratta di un congiuntivo, ma non andate oltre; non è ancora il momento. Lo studente che avrà «scoperto» la frase però potrà memorizzarla così com'è.

- *Senta, scusi!*
- *Io sono la vicina.*
- *Lei è di qui?*
- *Mi dica un po', dov'è che si potrebbe andare.*
- *Penso che adesso basti. Io La ringrazio infinitamente allora.*

(14) E adesso tocca a voi!

Prima di iniziare l'attività chiedete agli studenti se qualcuno di loro conosce i posti raffigurati nelle foto invitando chi vi fosse stato a parlarne. Qui di seguito forniamo comunque alcune informazioni che riferirete in breve agli studenti.

La cattedrale di Troia è una delle più interessanti chiese romaniche della Puglia. Fu edificata nel 1093 su un precedente edificio bizantino. La facciata ha un rosone interamente traforato e una preziosa porta di bronzo.

La cattedrale di Trani si trova su un promontorio sul mare ed è uno dei più raffinati esempi di architettura romanico-pugliese. Fu iniziata nel secolo XII e portata a termine verso la metà del secolo XIII. Ha una porta bronzea molto preziosa. Il campanile fu ricostruito nel dopoguerra con i materiali originali.

Monte S. Angelo, in provincia di Foggia, è il più elevato centro del Gargano (m. 796) e si trova in posizione panoramica. È celebre per il santuario di S. Michele, meta di pellegrinaggi, e per la tomba di Rotari, sita nella diruta chiesa di S. Pietro. Nella foto si vede il rione Junno, caratterizzato da uniformi casette a schiera, notevole esempio di architettura spontanea risalente in gran parte al '600.

La Foresta Umbra, a circa 30 km a nord di Monte S. Angelo, è un bosco ricco di faggi, pini e aceri esteso su una superficie di 2200 ha. È abitato da diversi animali, fra cui alcuni daini.

In alternativa a quest'attività potete chiedere ai vostri studenti se qualcuno di loro conosce particolarmente bene una regione italiana. Questi studenti potrebbero fungere da «abitanti» della regione e gli altri da «turisti» desiderosi di avere informazioni su possibili escursioni.

Lettura 15

Al fine di anticipare parte del lessico presente nel testo – in modo da facilitarne la comprensione – potete far subito riferimento ai disegni chiedendo che cosa questi raffigurano.
Darete quindi avvio all'attività vera e propria stabilendo tre minuti per la prima lettura che diventeranno due nella seconda e uno nell'ultima.

La poesia è presente anche nei materiali di ascolto del libro.
Alla fine dell'attività di lettura e delle altre previste a questo punto, la farete ascoltare agli studenti a libro aperto.

Considerando che quattro dei cinque sensi sono presenti nella poesia (manca il gusto) potete presentarli alla classe svolgendo il punto **b.** in modo differente. Scrivete i loro nomi alla lavagna e poi chiedete ai vostri studenti di indicarvi in quali frasi del testo si fa riferimento ad essi. Date un esempio nel modo seguente.

Vista: Dalla finestra c'è il panorama di due tedeschi in pigiama.

Udito:

Tatto:

Odorato:

(16) E adesso tocca a voi!

Per lo svolgimento di questa attività vedi quanto detto al punto 2 di ***Ricominciamo***.

Chi non va di solito in una località balneare potrà spiegare il motivo per cui non lo fa.

(17) Test

I.
Ci si incontra – Si visita – si sale – Si esce – ci si dirige – ci si ferma – Si va – si visita – si ammirano – si mangia – si ritorna – ci si riposa – ci si rincontra

II.
a. *Avendo* **b.** *Arrivando* **c.** *Volendo* **d.** *Partendo* **e.** *Facendo*

Vuole lasciare un messaggio?

Lingua orale

Primo ascolto

Situazione: Il signor Lipari telefona alla Infotec per parlare con l'ingegner Ferri.

Principali intenzioni comunicative: Fare una richiesta. Puntualizzare la propria richiesta. Chiedere e fornire informazioni. Fare una promessa sottoponendola a una condizione. Ringraziare. Congedarsi.

Elementi morfosintattici: Il periodo ipotetico della realtà. Uso del futuro per fare una promessa.

Secondo ascolto

Situazione: Franco telefona a Patrizia, una ex compagna di scuola che non vede da anni, e le chiede del suo nuovo lavoro.

Lingua scritta

Tipo di testi: Una lettera commerciale. Un brano tratto da *Uccelli da gabbia e da voliera* di Andrea De Carlo.

Elementi morfosintattici: I pronomi relativi *il/la quale, i/le quali.*

Questionario

1

Trascrizione del dialogo
Durata del brano: 2'49"

▲ *Infotec, buongiorno.*
■ *Buongiorno.Per cortesia vorrei parlare con l'ingegner Ferri.*
▲ *L'ingegner Ferri è fuori sede. Vuole lasciare un messaggio?*
■ *Eh, no, guardi, dovrei parlare personalmente con lui.*
▲ *Le passo la sua segretaria, la signorina Puglisi.*
■ *Ah, d'accordo.*
▲ *Attenda un attimo.*

LEZIONE 3

● *Pronto.*
■ *Eh, buongiorno.*
● *Buongiorno.*
■ *Senta, io sono Antonio Lipari e chiamo da Roma.*
● *Sì.*
■ *Mi hanno detto che l'ingegner Ferri non è in sede …*
● *Sì, infatti, sa …*
■ *Ma io dovrei parlare con lui personalmente.*
● *Purtroppo sarà assente per tutta la settimana, mi dispiace.*
■ *Ah, quindi non lo trovo fino a lunedì prossimo?*
● *Fino a lunedì nel pomeriggio.*
■ *Eh, ho capito, perché allora, guardi, cortesemente dovrebbe aiutarmi Lei. Cioè io avevo già fissato con lui un appuntamento di massima per la prossima settimana*
● *Sì …*
■ *perché io sarò a Verona per l'intera settimana, però ho soltanto alcuni spazi di libertà all'interno di questo periodo e quindi dovevo comunicargli quali, quando lo avessi saputo, e adesso lo so e ho telefonato per questo, quindi non può fissarmi Lei un appuntamento con l'ingegnere?*
● *Eh, ho capito, mi sembra strano, l'ingegnere non m'ha detto nulla …*
■ *Sì, ma Lei non conosce, non ha la sua agenda, non so …*
● *Ecco, che io sappia, l'ingegnere avrà tutta la settimana, sarà impegnatissimo tutta la settimana …*
■ *Beh, guardi allora, la mia situazione è questa: io sarò libero il 14 mattina, martedì, e il 15 pomeriggio, mercoledì.*
● *Un attimo, per favore, ha detto il…*
■ *14 mattina e il 15 pomeriggio.*
● *Sì, sì. Eh, guardi, io posso fare così: posso riferire lunedì appena lo vedrò e se Lei mi lascia un recapito telefonico, Le faremo sapere già nel pomeriggio di lunedì,*
■ *Sì …*
● *Le faremo sapere qualcosa …*
■ *Guardi, io alloggerò all'hotel «Colomba d'oro».*
● *Un attimo, sì …*
■ *Ecco, quindi Lei può chiamare lì e, se non mi trova, lasciare un messaggio alla ricezione.*
● *Va bene, senz'altro.*
■ *E in ogni caso proverò anch'io a ritelefonare, se mi sarà possibile.*
● *Sì, sì, senz'altro.*
■ *Per avere un contatto diretto. Lunedì pomeriggio verso che ora?*
● *Mah, l'ingegnere sarà alle 16.00 in ufficio, quindi conti di ricevere una telefonata entro le 18.00 al più tardi.*

■ *Ecco, quindi se chiamo io posso chiamare anche verso le 17.00 così.*
● *Senz'altro, senz'altro.*
■ *D'accordo. La ringrazio.*
● *Prego, prego.*
■ *ArrivederLa.*

Procedimento: Come indicato a pagina 12 di questa guida.

Soluzione:
a. *L'ingegenere Ferri è fuori sede.*
b. *per la prossima settimana.*
c. *non è al corrente dell'appuntamento.*
d. *per l'intera settimana prossima.*
e. *martedì mattina e mercoledì pomeriggio.*
f. *lunedì pomeriggio.*

Dialogo 2

Situazione: Antonio Lipari telefona all'Infotec.
Principali intenzioni comunicative: Fare una richiesta. Puntualizzare la propria richiesta.
Principali elementi morfosintattici: Uso del condizionale in una richiesta.
Procedimento: Secondo la tecnica indicata al punto 2 della prima lezione. Potete anche ricostruire il dialogo con la classe seguendo il procedimento descritto in appendice.

Esercizio 3

Poiché le combinazioni degli elementi del dialogo possono essere numerose, ne diamo qui soltanto una a titolo di esempio:

▲ *Infotec, buongiorno.*
■ *Buongiorno, per cortesia, vorrei parlare con la signora De Paolis.*
▲ *La signora De Paolis sta parlando al telefono. Vuole richiamare più tardi?*

4 Lettura

Principali elementi morfosintattici: La forma relativa *la quale*; la congiunzione causale *poiché*.
Procedimento: Data l'estrema brevità del testo darete un solo minuto per la lettura e procederete ad una sola socializzazione.

Presentando il pronome relativo *quale*, preceduto sempre dall'articolo determinativo, informate gli studenti che la sua frequenza è inferiore a quella dei pronomi analoghi *che* e *cui*.
Informateli altresì però che, specificando tale pronome anche il genere e il numero del sostantivo al quale si riferisce (cosa questa che gli altri relativi invece non fanno), la sua presenza diventa quasi obbligatoria in frasi, come la seguente, in cui compaia il rischio di confusione.
Ho rivisto il figlio della signora con il quale mi ero già incontrato un anno fa.
Se al posto di *il quale* si fosse invece usato *cui* non sarebbe stato chiaro se l'incontro dell'anno precedente si fosse svolto con il figlio o con la madre.
La congiunzione causale *poiché* più diffusa nella lingua scritta che in quella parlata può sostituire indifferentemente le congiunzioni *perché* e *siccome* la cui differenza d'uso è stata richiamata in questo manuale al punto 16 della prima lezione.

Richiamate l'attenzione degli studenti sulle formule di apertura e di chiusura di una lettera d'affari e sul fatto che si usi il *Voi* quando non ci si rivolge ad una persona precisa.
Se lo ritenete opportuno, potete chiedere agli studenti di trasformare la lettera indirizzandola al signor Lipari, attività questa che vi permetterà di rinfrescare l'uso dei pronomi personali di terza persona singolare.

5 Esercizio

Soluzione:
a. *con il quale* **b.** *della quale* **c.** *sui quali* **d.** *nel quale* **e.** *alle quali*
f. *per la quale* **g.** *dal quale* **h.** *tra i quali*

E adesso tocca a voi! 6

Per lo svolgimento di questa attività vedi quanto detto al punto 19 della prima lezione. Darete dieci minuti per l'attività di scrittura e cinque minuti per un'eventuale correzione a coppie.

La scuola di lingue Di.L.It. (Divulgazione lingua italiana) alla cui didattica si è ispirato in gran parte Linea diretta è attiva dal 1974 e svolge oltre a corsi di italiano per stranieri, corsi di inglese, di tedesco e di francese.

Dettato 7

Situazione: Antonio Lipari cerca di fissare un appuntamento.
Principali intenzioni comunicative: Esprimere un'intenzione. Promettere qualcosa.
Principali elementi morfosintattici: Il futuro. Il periodo ipotetico della realtà.
Procedimento: Secondo la tecnica indicata al punto 10 della prima lezione.

Soluzione:

■ *Ma Lei non conosce i suoi impegni, non ha la sua agenda ...*
● *Ecco, che io sappia, l'ingegnere sarà impegnatissimo tutta la settimana.*
■ *Beh, allora guardi, la mia situazione è questa: io sarò libero il 14 mattina, martedì, e il 15 pomeriggio, mercoledì.*
● *Un attimo, ... sì. Eh, guardi, posso fare così: posso riferire lunedì appena lo vedrò e se Lei mi lascia un recapito telefonico, Le faremo sapere già nel pomeriggio di lunedì.*
■ *Guardi, io alloggerò all'hotel Colomba d'oro, quindi Lei può chiamare lì e se non mi trova può lasciare un messaggio alla ricezione.*
● *Va bene, senz'altro.*
■ *E in ogni caso proverò anch'io a ritelefonare, se mi sarà possibile.*

Non è facile definire in modo esaustivo l'uso del futuro in italiano. Certamente il tempo è sostituibile con il presente indicativo tutte le volte in cui l'idea di futuro, affidata a qualche altro elemento lessicale, sia già presente nel contesto. Così nella frase «*Domani riparerò la macchina*» il futuro è assolutamente superfluo essendo chiarissimo il momento in cui l'azione annunciata si svolgerà. Eppure una frase del genere è senz'altro corretta e perfettamente possibile, il problema è vedere in quale situazio-

ne essa possa presentarsi e perché non sia stata preferita dal parlante all'altra meno ridondante con il presente indicativo. Si tratta cioè di mettere a fuoco la specificità semantica del futuro, di cogliere quella sfumatura di significato che tale tempo verbale conferisce agli enunciati dove esso è presente.
Possiamo tentare una prima esplorazione sostituendo tutti i futuri del nostro testo con i corrispettivi presenti indicativi e analizzando poi singolarmente i risultati.
La prima frase in cui compare il futuro è la seguente: *«l'ingegnere sarà impegnatissimo tutta la settimana.»* L'uso del presente (*«l'ingegnere è impegnatissimo»*) conferisce alla frase un valore di certezza che cozza con l'enunciato che la precede (*«che io sappia»*), enunciato che invece relativizza il valore dell'affermazione. Ecco allora che il futuro indica sì un'azione «a venire» ma sulla sicurezza del cui svolgimento non si è in grado di giurare.
Il futuro successivo *«io sarò libero il 14 mattina, martedì, e il 15 pomeriggio, mercoledì»* è anch'esso un futuro cosiddetto di «predizione»; anche in questo caso però dire *«io sono libero»* avrebbe conferito alla frase un valore di certezza assoluta che il futuro invece non le consente, essendo del resto un fatto che debba ancora svolgersi non sicuro per sua stessa definizione.
Nella risposta della segretaria compaiono due futuri; il primo *«appena lo vedrò»* rientra nell'uso considerato nei due esempi precedenti; il secondo appartiene invece a una attività comunicativa diversa: quella di promettere, attività nella quale (vedi anche il dettato della lezione 4) il futuro ritorna con frequenza quasi assoluta. Si provi a sostituire ad esso il presente indicativo e ci si renderà immediatamente conto di come il risultato «non suoni». Non suona del resto neanche la sostituzione all'inizio della quarta battuta, giacché dire *«Guardi, io alloggio all'hotel Colomba d'oro»* significa scambiare il presente con il futuro e stavolta non solo in senso grammaticale. Il signor Lipari non è all'hotel Colomba d'oro; *andrà* ad alloggiare in quell'albergo, ma per il momento non si trova neanche a Verona.
Nel penultimo uso il futuro serve ancora per fare una promessa la cui realizzazione, essendo sottoposta a condizione (anche questa espressa al futuro), è ancora più incerta. La sostituzione con il presente conferisce alla promessa il valore di una garanzia e rende più probabile una condizione che si immagina invece difficile.

Nei tre periodi ipotetici presenti nel dettato soltanto una delle tre condizioni (quella analizzata sopra) è espressa con il futuro, le altre due conoscono invece l'uso del presente.

In realtà si tratta di tre casi differenti. La prima condizione *«se mi lascia un recapito telefonico»* è in effetti la richiesta di un operazione immediata (quella di fornire il numero di telefono); la seconda *«se non mi trova»* presenta un'eventualità il cui probabile verificarsi giustifica l'uso del presente; la terza, come è già stato detto, prevedendosi di difficile realizzazione si esprime attraverso l'uso del futuro.

Esercizio 8

Diamo a titolo di esempio soltanto il dialogo relativo alla sequenza **a.**

■ *Ma Lei non ha la sua agenda …*

● *Ecco, che io sappia, il dottore resterà fuori tutta la settimana.*

Esercizio 9

Soluzione:

a. *spedirò* **b.** *telefonerò* **c.** *daremo* **d.** *chiamerò* **e.** *faremo*

Esercizio 10

Soluzione:

a. … *chiamarmi a casa.*

b. … *rivolgersi al suo sostituto.*

c. … *fare le fotocopie in copisteria.*

d. … *chiamare il 37.*

e. … *richiamare più tardi.*

Esercizio 11

Soluzione:

a. *riuscirò – farò* **b.** *vi darò – troverò* **c.** *finirà – cercherò* **d.** *riproverò – riuscirò* **e.** *dovrò – passerò*

(12) E adesso tocca a voi!

Per lo svolgimento di questa attività vedi quanto detto al punto 2 di *Ricominciamo.*

Procedimento: Dividete la classe in due gruppi, assegnando al primo il ruolo A e al secondo il ruolo B. Darete a ciascun gruppo un minuto di tempo per leggere il proprio ruolo, permettendo agli studenti di ricorrere al glossario per le parole che non conoscono. Accertatevi che gli studenti abbiano compreso il ruolo che devono interpretare e formate poi delle coppie mettendo insieme uno studente del primo gruppo con uno del secondo. Affinché l'attività possa svolgersi al meglio è necessario che ogni studente conosca soltanto il proprio ruolo e non quello del partner. Per evitare che questo avvenga, potete fotocopiare i ruoli su dei cartoncini che distribuirete poi alla classe.
Trattandosi della simulazione di una telefonata, vi consigliamo durante questa attività di far sedere gli studenti schiena contro schiena.
Nelle due fotografie sono raffigurate l'antica università di Padova e la pittoresca Piazza delle Erbe.

(13) Lettura

Procedimento: Secondo la tecnica indicata al punto 3 di ***Ricominciamo***.
Darete 4 minuti per la prima lettura.

Andrea De Carlo è nato a Milano nel 1952 e ha vissuto negli Stati Uniti e in Australia. Ha debuttato come scrittore nel 1981 con *Treno di Panna*, a cui sono seguiti *Uccelli da gabbia e da voliera* (1982), *Macno* (1984), *Yucatan* (1986), *Due di due* (1989), *Tecniche di seduzione* (1991), *Arcodamore* (1993) e *Uto* (1995).
I primi romanzi hanno trovato grande consenso negli ambienti letterari, anche perché Italo Calvino aveva scritto la prefazione a *Treno di panna*. Dopo il successo di vendite dei libri che sono seguiti però la critica ufficiale è diventata sempre più diffidente nei suoi confronti.
Fiodor, il protagonista di *Uccelli da gabbia e da voliera*, un giovane abituato a vivere alla giornata, si trasferisce, dopo il fallimento della sua breve carriera di musicista rock, dalla California a Milano dove si trova all'improvviso a dover svolgere un lavoro monotono ma ben pagato nella ditta in cui il fratello maggiore ricopre un incarico di grande importanza.

Il testo permette di svolgere un ulteriore esercizio sulla posizione dell'aggettivo rispetto al sostantivo. Procedete nel modo seguente.
Una volta letto il brano e svolto l'esercizio successivo, chiedete ai vostri studenti di trascrivere su un foglio, dividendolo in due colonne, i gruppi aggettivo + sostantivo e quelli sostantivo + aggettivo. Domandategli infine se dagli esempi che hanno riescono a ricavare una regola.
La regola vorrebbe che l'aggettivo qualificativo (con i numerali, gli indefiniti, i dimostrativi il discorso è diverso) seguisse il sostantivo, ma le eccezioni sono talmente tante e le possibilità che uno stesso aggettivo segua o proceda il sostantivo tanto numerose che parlare di regola risulta alla fine impossibile. Quello che dal brano si può imparare è che *brutto* e *grande* precedono il sostantivo, a meno che non intervenga l'enfasi a richiederne la posposizione. *Grande* conosce un'ulteriore eccezione visto che l'aggettivo può avere anche un significato morale anteponendosi in quest'ultimo caso al sostantivo (cfr. un grande libro e un libro grande); ma soprattutto, e come mostra anche il brano di De Carlo, *grande* conosce anche la forma tronca *gran*. Quest'ultima può precedere i sostantivi maschili e femminili sia singolari che plurali che comincino per consonante. La forma è diffusa anche davanti a quei sostantivi maschili che inizino per *s impura, x, gn* e *ps*, benché in quest'ultimo caso sia preferibile la forma estesa.
Un'ulteriore particolarità è costituita dall'aggettivo *vario* che segue il sostantivo singolare quando voglia indicare la molteplicità insita in esso, e precede invece quello plurale, quando all'idea di diversità si associa quella di pluralità.

È un lavoro vario.
(È un lavoro in cui si svolgono diversi compiti.)

Ho svolto vari lavori.
(Ho svolto numerosi lavori.)

Alla ottava riga si legge la frase *mi lascio condurre in giro*. Il verbo *lasciare* potrebbe esser qui sostituito dal verbo *fare* il cui uso in questa funzione è stato già segnalato nella quattordicesima lezione di ***Linea diretta 1***. Esiste tuttavia una differenza fra i due verbi che è forse il caso di segnalare agli studenti. *Fare* ha sia il significato di *dare un compito* che quello di *permettere, consentire* lo svolgimento di una qualche attività. *Lasciare* ha invece soltanto il secondo significato. Si osservino gli esempi sottostanti.

Oggi l'insegnante ci ha fatto leggere un articolo di giornale.

Oggi Marta mi ha lasciato leggere una pagina del suo diario.

14 Esercizio

L'ordine è: **g, f, a, d, b, e, c**.

15 Esercizio

Prima di iniziare l'esercizio sarà bene che ritorniate alle riga 19 del testo e che facciate rileggere il periodo nel quale compare la frase da esercitare. In essa il verbo *esaminare* viene sostantivato in un nome maschile ricevendo conseguentemente l'articolo *l'* che, unito alla particella *in*, dà luogo alla preposizione articolata che lo precede. Chiedete alla classe come sarebbe la frase se al posto di *esaminare* ci fossero i verbi *controllare* e *scrivere*. Quando sarà chiaro che anche in questo caso l'articolo varia a seconda del suono della prima sillaba del sostantivo, farete svolgere l'esercizio.

Soluzione:
astronomo – nell'osservare le stelle
calzolaio – nel riparare le scarpe
colf – nello spolverare e nel pulire
infermiere – nell'assistere gli ammalati
interprete – nel tradurre da una lingua all'altra
meccanico – nel riparare i motori
orefice – nel creare oggetti d'oro
postino – nel consegnare la posta
vigile – nel dirigere il traffico

16 E adesso tocca a voi!

Descrivere il posto di lavoro presuppone a volte del vocabolario specifico. Se ce ne sarà bisogno, sarete voi a fornirlo agli studenti.

17 Ascolto

Trascrizione del dialogo
Durata del brano: 3'16"

▲ *Senti, ma per quanto riguarda il lavoro, ho saputo che l'hai cambiato. Ma che cosa fai adesso?*

■ *Mah, guarda adesso, sono in un maglificio a Carpi, quindi … -*
▲ *In un maglificio?*
■ *Sì.*
▲ *Come in un maglificio?*
■ *Mah, insomma …*
▲ *Dalla scuola al maglificio.*
■ *Eh, cosa vuoi, Franco, la faccenda era che prima io avevo un orario fisso,*
▲ *Sì.*
■ *una preside insopportabile, non c'era assolutamente la possibilità di avere un giorno di ferie in più quando ne avevo il desiderio. Adesso lavoro in un ufficio commerciale estero, ho …*
▲ *Ma sarai ancora più occupata, immagino, rispetto a prima.*
■ *Certo che sono occupata, però ho un lavoro estremamente più vario, con un orario flessibile, un'atmosfera molto più, così, molto più vitale e sono a contatto con un sacco di gente, mi arrivano, così, telefonate anche dall'estero e …*
▲ *Eh, ho capito. Ma non è anche più flessibile anche il posto stesso?*
■ *Sì, ma guarda …*
▲ *Cioè non c'è pericolo di perderlo? Non so …*
■ *No!*
▲ *Prima, prima era …*
■ *No assolutamente, guarda, è una grandissima fabbrica.*
▲ *… era un posto sicuro, fisso, stabile …*
■ *Eh, era l'unico vantaggio di quel posto.*
▲ *E be', ti pare niente?*
■ *Be', ma ascolta, si tratta di una fabbrica con 450 dipendenti, cioè non è una cosa da poco. E … no, per adesso non penso, guarda …*
▲ *Anche perché, no, sai perché mi stupisce anche?*
■ *Dimmi.*
▲ *Perché io so che tu avevi fatto tanti concorsi per dei posti altrettanto fissi …*
■ *Eh …*
▲ *quindi il fatto che tu abbia adesso quest'anima imprenditoriale … quasi non so, è un po' curioso.*
■ *Mi sembri un pochino ironico, Franco, no, sai …*
▲ *No, no, ma …*
■ *si arriva a un momento della vita, cioè mi sono scoperta improvvisamente così, questo desiderio …*
▲ *Ah, ecco quindi c'è stato un cambiamento.*
■ *C'è stato un cambiamento.*
▲ *C'è stata un' evoluzione.*
■ *C'è stato un cambiamento. Io improvvisamente ho sentito il desiderio di fare qualche cosa di assolutamente nuovo.*

▲ *Ah, bene. Benissimo.*
■ *Guarda, poi sono responsabile per l'area dell'Europa occidentale,*
▲ *Ah, ah ...*
■ *quindi ho anche l'opportunità, così, di conoscere molta gente, di mettere a frutto anche i miei studi ... Ti ricordi? Ero bravina insomma ... di francese e di inglese.*
▲ *Certo, certo.*
■ *Partecipo a fiere, insomma, devo mostrare la fabbrica ai clienti e poi ...*
▲ *Quindi anche avrai davanti una carriera aperta.*
■ *Beh, insomma ci spero a dirti la verità, sai, cioè immediatamente, così, nell'immediato futuro, proprio, così, scatti non ne dovrei avere; però mi hanno detto che un collega dovrebbe andare in pensione fra qualche mese, quindi ... insomma ... ci faccio un pensierino, eh? Ci spero.*
▲ *Ho capito.*
■ *Niente, poi c'è anche la faccenda che il maglificio è a pochissimi minuti da casa, quindi non devo più usare la corriera come prima.*
▲ *Ah, va be', certo, certo. Questa è una comodità.*
■ *Non è un vantaggio da poco, sai, per una persona ...*
▲ *Sì, sì questa è una comodità.*
■ *che dorme volentieri la mattina, eh?*
▲ *Ma come orario sarai ... non so ... tu dici ...*
■ *Beh,*
▲ *È migliorato l'orario?*
■ *diciamo ci sono le classiche sette ore al giorno, però insomma l'orario è abbastanza flessibile, nel senso che se un giorno devo andare, che so, dal dentista, ho un impegno, devo andare in comune, così, è sufficiente che io parli con un collega e vengo sostituita, capisci?*
▲ *Sì, sì, sì.*
■ *Non è quell'orario, così, fisso che avevo a scuola, dove poi tra l'altro avevo una preside, guarda, che era assolutamente insopportabile, che mi rendeva la vita proprio impossibile, guarda.*
▲ *Certo devo dire che sei cambiata abbastanza, eh? da quella che conoscevo io ...*
■ *Eh, speriamo in meglio.*
▲ *È da un po' di tempo che non ci sentiamo, ma devo dire trovo una Patrizia diversa da quella che ho ...*
■ *Sì?*
▲ *E certo. E certo. Tu fai dei discorsi adesso veramente ... Te ne accorgi quanto sei cambiata?*
■ *Son cambiata?*
▲ *E come no?*

Procedimento: Come indicato a pagina 12 di questa guida.

Soluzione:

a. *Patrizia prima lavorava in una scuola.*
b. *Adesso Patrizia lavora in un maglificio.*
c. *Patrizia è responsabile per l'Europa occidentale.*
d. *I vantaggi sono: l'orario di lavoro flessibile, un'atmosfera vitale, un lavoro vario.*
e. *Patrizia lavora sette ore al giorno.*
f. *Prima doveva lavorare con una preside insopportabile e non aveva mai la possibilità di avere un giorno di ferie in più, inoltre il posto di lavoro era lontano da casa.*

E adesso tocca a voi! 18

Ogni studente svolgerà l'attività per proprio conto confrontando alla fine con un compagno di corso. Dovendo commentare sia pure con un numero ognuna delle affermazioni, sarà obbligato alla fine a motivare le sue scelte e quindi a parlare, non escludendosi, per timidezza o per timore di commettere errori, da una discussione collettiva sull'argomento che vedrebbe invece prevalere gli studenti più capaci, quelli più coraggiosi e spesso i più prepotenti.

Test 19

I.

a. *saprò – telefonerò* **b.** *sarà* **c.** *alloggeremo* **d.** *tornerà – riprenderà* **e.** *consisterà*

II.

a. *dal quale* **b.** *nella quale* **c.** *al quale* **d.** *con i quali* **e.** *nel quale* **f.** *con le quali*

LEZIONE 4

Sarà che sono un po' pignolo

Lingua orale

Primo ascolto

Situazione: Massimo chiede ad Alessandro un libro in prestito.

Principali intenzioni comunicative: Presentare una richiesta imbarazzante. Mostrare la propria disponibilità. Riferire una propria intenzione. Ammettere un proprio difetto. Raccomandarsi. Promettere. Rassicurare. Suggerire un comportamento. Acconsentire.

Elementi morfosintattici: La combinazione fra i pronomi oggetto diretto e quelli oggetto indiretto. Uso del futuro per ammettere un proprio difetto. Il suffisso peggiorativo *-accio*.

Secondo ascolto: Intervista al professor Raffaele Simone.

Lingua scritta

Tipo di testi: Un racconto di Gabriele Romagnoli. Un articolo tratto da *L'Espresso*.

Elementi morfosintattici: Uso del futuro per fare una supposizione.

Elementi di civiltà: Quanto e cosa leggono gli italiani.

1 Questionario

Trascrizione del dialogo
Durata del brano: 3'19"

▲ *Dallo Stadio delle Alpi ribadiamo il risultato finale: Juventus batte Padova 3 a 1. La linea al telegiornale.*

■ *Ah, meno male è finita. Ha vinto la Juve.*
● *Bene son contento.*
■ *È la mia squadra insomma.*

- ● *Anche la mia, insomma, così.*
- ■ *Senti, io ho spulciato un po' durante l'intervallo della partita nella tua biblioteca e ho visto un libro molto interessante, sembra almeno, un libro di Romagnoli, «Navi in bottiglia».*
- ● *Ah, sì, sì, sì. Sì me l'hanno consigliato. Sono dei brevi racconti ... m'hanno detto molto interessanti, avvincenti.*
- ■ *Sì. Di che si tratta?*
- ● *Eh sì appunto, questi racconti. Ma io non lo so, devo ... devo leggerlo ancora. L'ho preso appena ieri in libreria, e quindi ... mi riprometto di leggerlo. Vanno bene per me che non duro molto alla lettura la sera prima di addormentarmi, quindi, ecco son 30 righe ogni racconto circa e allora andranno bene.*
- ■ *Sì. Senti io domani vado a Bologna e non so se a te dispiace o meno comunque oserei chiederti in prestito questo libro per leggerlo sul treno, non so ...*
- ● *Mmm, perché vorresti ... leggerlo sul treno.*
- ■ *Sì, a volte non so che fare oppure mi annoio con i soliti giornali.*
- ● *Mmm, non lo so perché ... Io non so se proprio questo fine settimana forse volevo leggerlo io ... Ma io ... non so, te lo darei volentieri. Il fatto è che, non so forse ... ma tu proprio questo volevi?*
- ■ *Sì, sì, sì, sì, mi interessa perché lessi tempo fa la recensione di questo libro, non mi ricordo dove, e appunto la recensione mi stuzzicava un pochino, allora ho pensato «Mah, adesso glielo chiedo». So che sei un po' geloso.*
- ● *Sì, non è che sono geloso.*
- ■ *Dei libri diciamo.*
- ● *No, sì, certo, in parte. No, se vuoi prendilo. Quando ... quando ... quando me lo riporteresti?*
- ■ *Mah, domani vado a Bologna. Sarò di ritorno fra tre giorni e la sera stessa posso ... posso riportartelo.*
- ● *Senti. Ecco però dovrei forse chiederti una cosa se non ti dispiace. No, perché tu a volte hai un'abitudine che per me non è molto ... cioè quando tu finisci di leggere tu fai un'orecchietta alla pagina, la pieghi per lasciare il segno.*
- ■ *Sì, quello è un viziaccio che ho dalle elementari.*
- ● *Sì, e forse sarà che io sono un po' troppo così meticoloso, pignolo eccetera, però vedere questi libri con le orecchiette così mi fa venire un po' quasi una piccola nevrosi, e allora se tu puoi evitare di fare quella cosa lì.*
- ■ *Ti giuro che eviterò questo. Ci metto dentro una bella cartolina come segnalibro.*
- ● *Senti e di tenermelo anche un po' con cura.*
- ■ *Senz'altro.*
- ● *Magari nella valigia, e non fargli prendere acqua o altre cose del genere.*

■ *Non ti preoccupare. Lo terrò custodito come un tesoro proprio.*
● *Va bene. Va bene, allora sì prendilo d'accordo.*
■ *Ti ringrazio, allora me lo metto in borsa. Eh? Va bene grazie.*

Procedimento: Come indicato a pagina 12 di questa guida.

Soluzione:
a. *avvincenti e interessanti*
b. *30 righe*
c. *Alessandro non ha ancora letto il libro*
d. *Massimo ha l'abitudine di fare l'orecchietta alla pagina*
e. *meticoloso e pignolo*
f. *geloso*

2 Dialogo

Situazione: Massimo chiede ad Alessandro un libro in prestito.
Principali intenzioni comunicative: Fare una richiesta. Mostrare la propria disponibilità. Riferire una propria intenzione. Ammettere un proprio difetto.
Principali elementi morfosintattici: I pronomi combinati. Uso del futuro per ammettere un proprio difetto.
Procedimento: Secondo la tecnica indicata al punto 2 della prima lezione. Per un diverso approccio vedi il procedimento illustrato in appendice.

3 Esercizio

Diamo a titolo di esempio il dialogo relativo al punto **b.**
■ *Senti, non so se a te dispiace o meno, comunque oserei chiederti in prestito questa videocassetta.*
● *Ma … io te la darei volentieri, ma tu proprio questa volevi?*

4 Esercizio

Soluzione:
a. *gliene* **b.** *glielo* **c.** *gliela* **d.** *gliela* **e.** *gliene* **f.** *gliene* **g.** *gliele*

E adesso tocca a voi! (5)

Per lo svolgimento di questa attività vedi quanto detto al punto 2 di ***Ricominciamo.***

Dettato (6)

Situazione: Alessandro spiega a Massimo il motivo per cui è restio a prestargli il libro e, davanti alle rassicurazioni di Massimo, acconsente.
Principali intenzioni comunicative: Presentare una richiesta imbarazzante. Riconoscere un proprio difetto. Promettere. Raccomandarsi. Tranquillizzare.
Principali elementi morfosintattici: Uso del futuro per fare un'ammissione e per promettere. Il suffisso *-accio.*
Procedimento: Secondo la tecnica indicata al punto 10 della prima lezione.

Soluzione:

● *Senti. Ecco però dovrei forse chiederti una cosa se non ti dispiace. No, perché tu a volte, quando finisci di leggere, fai un'orecchietta alla pagina, la pieghi per lasciare il segno.*
■ *Sì, quello è un viziaccio che ho dalle elementari.*
● *Sì, e forse sarà che io sono un po', così, meticoloso, pignolo eccetera, però vedere questi libri con le orecchiette, così, mi fa venire un po' quasi una piccola nevrosi, e allora se tu puoi evitare di farla ...*
■ *Ti giuro che eviterò di farla. Ci metto dentro una bella cartolina come segnalibro.*
● *E se puoi tenermelo anche un po' con cura.*
■ *Senz'altro.*
● *Magari nella valigia, e non fargli prendere acqua o altre cose del genere.*
■ *Non ti preoccupare. Lo terrò custodito come un tesoro.*

La forma *sarà che* è usata qui per presentare un proprio o un altrui difetto al fine di richiedere nell'interlocutore comprensione o un comportamento che si conformi al difetto ammesso.
Abbiamo già incontrato l'avverbio *magari* nella prima e nell'ottava lezione di ***Linea diretta 1*** nei due significati di *sarebbe bello* (lez. 1 punto 12) e *se possibile* (lez. 8 punto 4). In quest'ultimo significato *magari* compare anche nella settima battuta di questo dettato, mentre nella prima battuta

compare l'avverbio *forse* il cui uso è spesso analogo a quello di *magari*. Non è facile mettere a fuoco la differenza fra i due avverbi, i quali del resto spesso semanticamente coincidono, anche se è evidente che *magari* ha, rispetto a *forse*, un *quid* di enfasi che è comunque assai difficile da cogliere per uno straniero.
Pur certi di non aver afferrato tutte le *nuances* che separano le due forme, ci è parso di rintracciare una differenza nel tipo di frasi in cui i due avverbi compaiono, o, per meglio dire, nelle intenzioni comunicative che essi servono.
Ecco allora che *magari* compare spesso quando si voglia precisare una richiesta con una successiva indicazione e quando, esprimendo un'intenzione, si aggiunga a quest'ultima un particolare che ne costituisce un arricchimento. Si vedano i due esempi:
Vorrei due posti di seconda classe, magari vicini al finestrino.
Questo fine settimana vado a San Gimignano e magari mi fermo anche a Siena.
L'avverbio *forse* stonerebbe nella prima frase, mentre sarebbe perfettamente pertinente nella seconda. Quest'ultima perderebbe però quel senso di autoconcessione che il *magari* le dà, quasi un *perché no?* per chi si voglia concedere qualcosa.
La funzione di *forse* è invece unicamente quella di esprimere incertezza sulla realizzabilità di un evento o di formulare una supposizione su un avvenimento passato senza colorature di enfasi. Si vedano gli esempi:
Forse stasera vado al cinema.
Non trovo più il dizionario. Forse l'ha preso mia moglie.

Nell'esercizio che presentiamo abbiamo alternato richieste, in cui va inserito *magari*, a supposizioni e incertezze in cui va invece inserito *forse*. La distinzione fra richieste da una parte e supposizioni e incertezze dall'altra sarà la spiegazione che fornirete alla classe per l'uso dei due avverbi, spiegazione certo non esaustiva, ma che fornirà allo studente una sufficiente indicazione sull'uso delle due forme.

a. Vorrei comprare un cappotto, ___________ non troppo caro.

b. Non trovo il giornale. ___________ l'ho lasciato in treno.

c. Hanno detto in tv che ___________ domani piove.

d. Berrei volentieri un Campari, ___________ con una fetta di limone.

e. Gianni ha detto che ___________ viene alla festa, ma non prima delle dieci.

f. Se mi porti per un pezzo di strada mi fai un favore , ___________ fino alla fermata del 77.

g. ___________ l'anno prossimo mi sposo.

h. Passi a prendermi? ___________ non prima delle nove.

i. ___________ finalmente ho trovato un appartamento.

Soluzione:
a. *magari* **b.** *Forse* **c.** *forse* **d.** *magari* **e.** *forse* **f.** *magari* **g.** *forse* **h.** *Magari* **i.** *Forse*

Esercizio 7

Diamo a titolo di esempio il dialogo relativo alla sequenza **a.**

● *Sarà che io sono un po' apprensivo, però se tu puoi evitare di tornare troppo tardi …*

■ *Ti giuro tornerò prima delle 11.*

Esercizio 8

Soluzione:

Sarà che io sono un po'...
- *goloso però davanti a un piatto …*
- *vanitoso però in ufficio …*
- *sentimentale però alla fine …*
- *testardo però quando prendo …*
- *tradizionale però questa musica …*

9 Esercizio

Soluzione:
a. *parolaccia* **b.** *lavoraccio* **c.** *tipaccio* **d.** *ragazzaccio* **e.** *giornataccia* **f.** *vitaccia* **g.** *gentaccia* **h.** *stoffaccia* **i.** *caratteraccio*

10 Esercizio

Esitono in ogni lingua espressioni, diversamente classificate nelle grammatiche, la cui conoscenza è essenziale alla comunicazione, ma che sono normalmente trascurate in molti libri di testo. Il fatto che la maggior parte di tali espressioni richieda spesso una particolare intonazione non rappresentabile dalla comune punteggiatura, fa sì che esse restino fuori dalla lingua scritta.
In questo esercizio si richiede allo studente di scrivere accanto alle espressioni riportate quelle corrispondenti nella sua lingua e quindi di inserire le stesse espressioni in frasi scritte allo scopo.
Date agli studenti un paio di minuti di tempo per rintracciare queste espressioni nei dialoghi. Fate svolgere l'esercizio individualmente e fate poi confrontare in coppie o in minigruppi. Controllare infine in plenum.

11 Esercizio

Soluzione:
a. *magari*
b. *Sarà che io sono un po'*
c. *oserei*
d. *se (tu) puoi*

12 E adesso tocca a voi!

Per lo svolgimento di questa attività vedi quanto detto al punto 12 della lezione 3.
In questa, come del resto nelle precedenti attività di questo tipo dove gli studenti sono chiamati ad assumere un ruolo, è importante che ognuno legga esclusivamente la propria parte; la conoscenza dell'altra renderebbe infatti l'interpretazione di ogni ruolo più caricata e più «teatrale» nel senso deleterio del termine.

Lettura

Procedimento: Come spiegato al punto 3 di ***Ricominciamo***. Darete 4 minuti per la prima lettura.

Il libro *Navi in bottiglia* prende il titolo da una frase del primo racconto in esso contenuto. Si legge infatti «Il capitano Solo è l'unico a sapere che la 'Surprise' è una nave in bottiglia». Sul retro di copertina c'è scritto: «Questi sono racconti di trenta righe, ma se avete paura della vita fermatevi alla ventinovesima ...». Come ha detto lo stesso Romagnoli in un'intervista, si tratta di «101 storie di 30 righe che sono 101 sfide contro il destino, l'avversario più difficile da sfidare. Su 101 volte nel libro il destino vince 98 volte». Dopo la pubblicazione del libro Romagnoli è stato accusato da più parti di generare angosce perché spesso i racconti sono crudeli e i protagonisti dei suoi racconti fanno una brutta fine. A queste accuse Romagnoli ha risposto che «in realtà le uniche tre volte in cui il protagonista ce la fa rappresentano un piccolo manuale di sopravvivenza per come riuscire talvolta a vincere la sfida del destino».
Oltre a *Navi in bottiglia,* Romagnoli ha scritto il libro per ragazzi *Videocronache* (1994) e un romanzo dal titolo *In tempo per il cielo* (1995).
Per aumentare la *suspence* del racconto potete, invece di far leggere il brano dal libro, distribuire delle fotocopie nelle quali avrete preventivamente cancellato gli ultimi tre periodi (praticamente farete leggere un racconto che si interrompe alla parola *squilla*). Compito degli studenti sarà quello di completare la storia ma, attenzione, non superando le trenta righe.
Come già detto nella «Guida per l'insegnante» di ***Linea diretta 1*** la congiunzione causale *tanto,* presente qui alla riga 10, ha il significato rassicurante di *non è un problema perché.*
La locuzione *a ben pensarci* ha invece un valore condizionale; il suo significato è quello di *se ci si pensa.* Nella lingua parlata soprattutto la costruzione *a* + infinito ricorre quando la proposizione condizionale ha un forte contenuto enfatico.
Si vedano ad esempio frasi del tipo:
Eri a casa domenica! Accidenti! A saperlo ti avrei telefonato.
A vederlo non si direbbe proprio che è così ricco.

14 Esercizio

Soluzione:

a. *pregare*
b. *dare notizie di sé*
c. *obbligare*
d. *mettere giù il telefono*
e. *sentirsi d nuovo bene*
f. *suonare*

15 E adesso tocca a voi!

Per lo svolgimento di questa attività vedi quanto detto al punto 2 di ***Ricominciamo.***

Per il secondo punto di questa attività, potete consegnare ai due studenti che interpretano le parti di Simone e del / della collega di Laura i seguenti ruoli.

Prima situazione

Ruolo A: Simone
Lei è Simone. Laura L'ha lasciata e Lei è disperato. A casa Laura non risponde al telefono, e Lei invece vuole parlarle. Neanche in ufficio risponde. Ogni volta che Lei chiama risponde Giulia, una collega di Laura e Le dice che Laura non c'è; ma Lei sa che non è vero. Adesso chiama di nuovo ed è più che mai deciso a convincere Giulia a farLa parlare con Laura.

Ruolo B: Giulia collega di Laura
Lei è Giulia una collega di Laura. Da qualche giorno Laura ha lasciato Simone, il suo ragazzo. Lei non ha mai capito che cosa trovasse Simone in una donna fatua e superficiale come Laura, lui così carino, gentile e sensibile. E adesso Simone telefona in continuazione e Laura si fa sempre negare. Povero Simone, è disperato. Adesso Simone è solo. Anche Lei è sola e a Lei Simone è sempre piaciuto. Forse, chissà, potreste unire le vostre solitudini. Suona il telefono. Laura esce dalla stanza e dice: «Se è Simone io non ci sono.»

Seconda situazione

Ruolo A: Simone
Lei è Simone. Laura L'ha lasciata e Lei è disperato. A casa Laura non risponde al telefono, e Lei invece vuole parlarle. Neanche in ufficio risponde. Ogni volta che Lei chiama risponde Angelo, un collega di Laura e Le dice che Laura non c'è; ma Lei sa che non è vero. Adesso chiama di nuovo ed è più che mai deciso a convincere Angelo a farLa parlare con Laura.

Ruolo B: Angelo collega di Laura
Lei è Angelo un collega di Laura, ma da qualche giorno Lei è qualcosa di più: Lei è il nuovo ragazzo di Laura. Per Lei Laura ha lasciato il suo vecchio ragazzo, Simone, e Simone da qualche giorno non fa che telefonare a Laura, la chiama a casa, la chiama anche in ufficio. È disperato Simone, è disperato anche perché non capisce. Laura non gli ha spiegato niente, non gli ha detto di voi due; dice che non vuole fargli male, ma Lei non è d'accordo. Già ieri Simone ha telefonato in ufficio ed ha parlato con Lei perché Laura non vuole parlargli. Adesso il telefono suona di nuovo. Se è Simone Lei è deciso a raccontargli tutto.

Ascolto

16

Trascrizione dell'intervista

Durata del brano: 1'21"

G = giornalista
S = Raffaele Simone

G. *È noto che l'italiano medio legge anche molto meno rispetto per esempio ai tedeschi, rispetto ai francesi, rispetto ...*
S. *agli olandesi*
G. *rispetto agli olandesi.*
S. *Eh, sì, purtroppo è così. Mi dispiace che stiamo mettendo in luce soltanto aspetti negativi del nostro bizzarro paese. Però quello che Lei dice è vero. L'italiano medio legge poco, l'Italia è l'unico paese, credo, al mondo in cui esistano dei quotidiani sportivi, che non sono certamente scuole di cultura, e l'Istat ha scoperto, l'istituto centrale di statistica, ha scoperto qualche anno fa che su 100 italiani 22 soltanto hanno almeno un libro a casa, ciò significa che 78 – se non mi sbaglio nella sottrazione – non hanno mai avuto un libro a*

casa, quindi le loro fonti di sapere, di cultura e anche di lingua, sono limitate alle chiacchiere con gli amici e alla televisione, sono due fonti un po', secondo me, un po' povere.
Però va detto che mentre la televisione la vedono e la assorbono tutti, la stampa quotidiana è poco diffusa in Italia. Tutti sappiamo che il totale dei quotidiani italiani non riesce a superare i due milioni di copie al giorno ed è uno dei tassi più bassi in Europa.

Potete procedere nel modo indicato al punto 1 di **Ricominciamo**.
Prima di inziare la lezione successiva a questa potete far svolgere alla classe il cosidetto *dettato puzzle* secondo il procedimento illustrato in appendice. Il brano che sceglierete sarà quello che inizia «*Eh sì, purtroppo ...*» e finisce con «*...hanno almeno un libro a casa*».

Secondo i dati del censimento del 1991 relativi al grado di istruzione degli italiani, risulta che in quell'anno, su una popolazione di circa 57 milioni, i laureati erano 2.080.000, pari a una percentuale del 3,6%, i diplomati 10.374.00 (18,2%), gli italiani in possesso di licenza media 17.499.000 (30,7%), quelli in possesso di licenza elementare 25.850.00 (45,4%) e gli analfabeti 1.197.00 (2,1%).

17 Lettura

Procedimento: Come spiegato al punto 3 di ***Ricominciamo***. Darete 5 minuti per la prima lettura.

Alla quindicesima riga della prima colonna appare la domanda *come si fa a dire qualcosa da leggere?*. Il significato è ovviamente quello di *come è possibile, come si può pensare di.*

18 Esercizio

Soluzione: **a.** *efficientissima* **b.** *una pila* **c.** *soggezione* **d.** *spaesata* **e.** *un momento di imbarazzo*

Esercizio 19

Soluzione:
ovunque – in ogni posto; di seguito – uno dopo l'altro; tranne – ma non; ovvero – cioè

E adesso tocca a voi! 20

Per lo svolgimento di questa attività vedi quanto detto al punto 2 di ***Ricominciamo***.

Test 21

I.
a. *te li* **b.** *me l'* **c.** *glielo* **d.** *ve li* **e.** *ce lo* **f.** *gliene* **g.** *gliel'* **h.** *offrirtene* **i.** *te ne*

II.
a. *in* **b.** *dei* **c.** *di – di – delle* **d.** *di – alla* **e.** *di* **f.** *da* **g.** *a*

LEZIONE 5

Com'è successo?

Lingua orale

Primo ascolto

Situazione: Claudio è in ospedale e Lorenzo va a trovarlo.

Principali intenzioni comunicative: Chiedere informazioni. Fare ironicamente un rimprovero. Giustificarsi. Fare una supposizione. Presentare una soluzione. Fare una proposta.

Elementi morfosintattici: Uso dell'imperfetto e del passato prossimo. Uso del verbo *dovere* per fare una supposizione.

Secondo ascolto: *Onda verde,* notiziario radiofonico sulla viabilità delle strade.

Lingua scritta

Tipo di testi: Un articolo di cronaca da *La Repubblica.* Un articolo tratto da *Eco, la nuova ecologia.*

Elementi morfosintattici: Il trapassato prossimo. La trasformazione del passato prossimo in trapassato prossimo nel discorso indiretto. La posizione dei pronomi con il gerundio. La costruzione passiva con *essere* e con *venire.*

Elementi di civiltà: L'uso della bicicletta in Italia.

1 Lettura

Principali elementi morfosintattici: Il trapassato prossimo. La trasformazione del passato prossimo in trapassato prossimo nel discorso indiretto. La posizione dei pronomi con il gerundio.

Prima di iniziare la lettura, al fine di facilitarne la comprensione, chiedete agli studenti di descrivervi l'illustrazione che la accompagna. Chiedete cosa sta facendo il ciclista e dove si trova rispetto alle due automobili. Potete anche incaricare gli studenti di immaginare e scrivere una storia fornendo loro su richiesta il lessico necessario. Un'attività di questo tipo

oltre ad «anticipare» una parte del vocabolario stimola la curiosità dello studente motivandolo alla lettura.
Se poi volete evitare che la lettura del titolo fornisca agli studenti un sia pur minimo suggerimento sulla storia che dovranno inventare, ricorrete unicamente all'illustrazione di pagina 63 riproducendola su un lucido e proiettandola con l'ausilio di una lavagna luminosa. Procedete poi come spiegato al punto 3 di ***Ricominciamo*** dando 3 minuti per la prima lettura. Una volta terminata l'attività di lettura chiedete alla classe di rintracciare nel testo tutti i verbi al passato e di spiegarvi il perché dell'uso dei tempi nei quali questi sono coniugati. Sarà un modo per rinfrescare le regole dell'uso del passato prossimo e dell'imperfetto.

Soluzione:
a. *no* **b.** *sì* **c.** *sì* **d.** *no*

Esercizio (2)

Soluzione:
a. *aveva scelto* **b.** *aveva promesso* **c.** *era passato* **d.** *era uscito* **e.** *era entrato*

Esercizio (3)

Soluzione:
a. ... *che aveva preso* ...
b. ... *che avevano visto* ...
c. ... *che era entrato* ...
d. ... *che aveva preferito* ...
e. ... *che lo avevano scartato* ...

Il discorso indiretto è già comparso nella lezione 14 di ***Linea diretta 1.*** Qui abbiamo la trasformazione del passato prossimo in trapassato, che è, come segnalato nello specchietto precedente, regola di concordanza dei tempi, ossia appartenente a una serie di norme alle quali in italiano è sottoposto anche il discorso indiretto.

4 Esercizio

Soluzione:
a. *dicendogli* **b.** *ricordandogli* **c.** *raccomandandomi* **d.** *raccomandandogli*
e. *dicendole*

5 E adesso tocca a voi!

In alternativa all'attività proposta nel manuale potete dare ai vostri studenti la fotocopia del foglio sottostante, invitandoli a completare le frasi. Allo scadere dei cinque minuti che assegnerete per lo svolgimento di quest'attività farete riunire gli studenti in coppie o in piccoli gruppi. Gli studenti dovranno confrontare quanto hanno scritto motivando le proprie scelte.

Se qualcuno parcheggia la sua macchina in seconda fila davanti alla mia, io ______________________________

Se vedo una macchina ferma sulla corsia di emergenza, io ______________________________

Se vedo una persona anziana accanto a una macchina con una ruota a terra, io ______________________________

Se vedo che il vigile sta mettendo la multa alla mia macchina parcheggiata in divieto di sosta, io ______________________________

Se un pedone attraversa la strada col semaforo rosso davanti a un gruppo di bambini, io ______________________________

Se un ciclista usa il marciapiede invece della strada, io ______________________________

Questionario

6

Trascrizione del dialogo

Durata del brano: 3′

- ■ *Allora. Eccoti qua. Guarda come sei ridotto. Sembri una mummia. Sei tutto ingessato, fasciato. Santo Dio! Ti sei rovinato. Che è successo?*
- ● *Eh sì, un male, un male qui. Mamma mia!*
- ■ *Io non lo so!*
- ● *Gamba …*
- ■ *E lo vedo .*
- ● *Gamba rotta.*
- ● *È ingessata. È rotta.*
- ● *Sì. Polso slogato, quasi in frantumi.*
- ■ *La testa niente?*
- ● *La testa no. La testa funziona.*
- ■ *Eh mica tanto.*
- ● *Per fortuna.*
- ■ *Eh sì. Che è successo?*
- ● *Eh che è successo. Niente, ho fatto un incidente. Ho battuto contro una macchina.*
- ■ *Bravo, con la mia motocicletta hai fatto l'incidente.*
- ● *E be', stavo con la tua motocicletta … È andata così.*
- ■ *Come è successo? Chi ha torto? Chi ha ragione?*
- ● *Mah per quello che ricordo io, avevo io, diciamo, torto.*
- ■ *Ah!*
- ● *Perché la macchina veniva da destra. Ma no …*
- ■ *E tu non le hai dato la precedenza. Bravo!*
- ● *Non che fossi distratto, però non l'ho proprio vista, guarda. Lì c'era una siepe, no? C'era come una specie di giardino. Una siepe di quelle ben tagliate, squadrate, però piuttosto altina. Non ho visto neanche il muso della macchina.*
- ■ *Senti, ma tu a che velocità andavi? Andavi a 50? No. Andavi più forte naturalmente.*
- ● *Una settantina.*
- ■ *Bene, così oltre al fatto che non gli hai dato la precedenza c'è anche l'eccesso di velocità. Benissimo!*
- ● *Mah, non c'era nessuno … Ma senti un po' non potremmo dire che c'eri tu sulla motocicletta?*
- ■ *Sì, così andiamo in prigione tutti e due. C'è anche la falsa testimonianza a quel punto. Mamma mia! Senti, quanto lo devi portare …?*

- *Perché l'assicurazione …*
- *E va be'. E lo so l'assicurazione non paga. È chiaro, se tu hai torto. Eh.*
- *Mah, dall'ospedale mi mandano fuori fra tre giorni, due tre giorni, però il gesso lo devo portare ancora per sei settimane.*
- *Per sei settimane.*
- *Ha detto il dottore.*
- *Bene. E il polso lì.*
- *Ma il polso questo va via da solo, insomma, non c'è problema.*
- *Insomma. La moto che le è successo?*
- *Mah, per quel poco che ricordo io perché non è che stessi proprio nelle migliori condizioni per vedere bene tutto, però per quel poco che ricordo io, si deve essere rotta la forcella davanti. Danneggiatissima da sostituire, proprio da riprendere il pezzo nuovo e rimetterlo lì.*
- *Ho capito. Bene, bene. Io non lo so, boh.*
- *Però senti.*
- *Sì.*
- *Ci sarebbe una soluzione.*
- *Quale?*
- *C'è un meccanico, molto bravo che conosco io. Ha lavorato anche alcuni anni...*
- *Lavora gratis questo meccanico?*
- *… alla Gilera quindi è bravo. Non lavora gratis, però è un amico e se tu mi lasci fare lui potrebbe agevolarmi, potrebbe farmi un prezzo di favore. Però io non ho i soldi subito adesso. Dovresti anticiparmeli tu e poi io te li ridò piano piano.*
- *Va be', va be', va be'.*
- *Mi dispiace guarda.*
- *Va be' sì, poteva andar peggio.*
- *È l'ultima cosa che avrei voluto.*
- *Va be' senti, ti serve qualcosa? Vuoi un bicchier d'acqua?*
- *Si ti ringrazio, guarda, prendimi la bottiglia. Sta qui …*
- *Sì, va be' d'accordo. Va be' comunque adesso tu sta' tranquillo tutto sommato poteva andar peggio. La moto si riparerà. Non ti preoccupare. Va be'.*
- *Grazie.*

Procedimento: Come indicato a pagina 12 di questa guida.

Approfittate dell'illustrazione per fornire i plurali irregolari di *braccio, dito, ginocchio* ricordando che in quest'ultimo caso è accettata anche la forma *ginocchi*.

Soluzione:

a. *Claudio si è fatto male alla gamba e al polso.*
b. *La motocicletta è di Lorenzo.*
c. *La forcella.*
d. *Il quarto disegno.*
e. *Claudio andava a 70 km / h.*
f. *Due, tre giorni.*
g. *Lorenzo.*

Dialogo 7

Situazione: Lorenzo chiede informazioni a Claudio sulla dinamica dell'incidente.
Principali intenzioni comunicative: Chiedere informazioni. Fare ironicamente un rimprovero. Giustificarsi.
Principali elementi morfosintattici: Uso dell'imperfetto e del passato prossimo.
Procedimento: Secondo la tecnica indicata al punto 2 della prima lezione.

Esercizio 8

Diamo a titolo d'esempio il dialogo relativo alla sequenza **a.**

■ *Come è successo? Chi ha torto? Chi ha ha ragione?*
● *Mah, per quello che ricordo io, avevo io torto perché c'era uno stop.*
■ *E tu non ti sei fermato. Bravo!*

Esercizio 9

Soluzione:
a. *5* **b.** *6* **c.** *2* **d.** *7* **e.** *3* **f.** *1* **g.** *4*

E adesso tocca a voi! 10

Sarà ovviamente necessario, prima di iniziare questa attività, che leggiate uno per uno i vari punti, chiarendo il significato delle molte parole di cui con ogni probabilità la classe non è a conoscenza. Procedete quindi ricordando le avvertenze fatte al punto 2 di ***Ricominciamo***.

11 Dettato

Situazione: Claudio e Lorenzo parlano dei danni alla moto e della sua riparazione.
Principali intenzioni comunicative: Informarsi. Fare una supposizione. Presentare una soluzione. Fare una proposta.
Principali elementi morfosintattici: Uso del verbo *dovere* per fare una supposizione.
Procedimento: Secondo la tecnica indicata al punto 10 della prima lezione.

Soluzione:

■ *E che cosa è successo alla moto?*
● *Mah, per quel poco che ricordo io, si deve essere rotta la forcella. Però senti, ci sarebbe una soluzione.*
■ *Quale?*
● *C'è un meccanico molto bravo che conosco io. Ha lavorato anche alcuni anni alla Gilera, quindi è bravo.*
■ *Lavora gratis, questo meccanico?*
● *Non lavora gratis, però è un amico, e se tu mi lasci fare, lui potrebbe agevolarmi, potrebbe farmi un prezzo di favore. Però io non ho i soldi adesso. Dovresti anticiparmeli tu e poi io te li ridò piano piano.*

12 Esercizio

Prima di dar inizio all'esercizio leggerete le sette sequenze spiegando le parole non conosciute dalla classe.

Soluzione:
a. *... si deve essere ammaccato lo sportello.*
b. *... si deve essere piegato il telaio.*
c. *... si deve essere rotto il fanale.*
d. *... si deve essere rotta la frizione.*
e. *... si deve essere rotto il tergicristallo.*
f. *... si devono essere spezzati alcuni raggi.*

g. *... si deve essere ammaccato il parafango.*

Esercizio

(13)

Una volta che gli studenti abbiano svolto l'esercizio (che potete assegnare anche come produzione scritta a casa, chiedendo agli studenti di raccontare l'incidente in prima persona) potete fotocopiare il testo qui sotto chiedendo alla classe di inserire e coniugare i verbi elencati.

Completate il testo con i seguenti verbi.

andare a sbattere – attraversare – frenare
investire – perdere il controllo – sbandare

Brutto incidente ieri sera per un automobilista che procedeva a velocità troppo elevata. Claudio Nuvoletti di anni 27 alla guida di un'Alfa Romeo decappottabile stava percorrendo a circa ottanta chilometri all'ora via Giolitti, quando la signora Noemi Campana di anni 79 ha iniziato a ________________________ la strada sul passaggio pedonale in prossimità dell'incrocio con via Sonnino. Per evitare di ________________________ la donna, il Nuvoletti ha cercato di ________________________, ma è riuscito soltanto a ________________________ della vettura. Questa infatti ________________________ e si è fermata solo quando ________________________ contro un albero. Per la signora Campana il tutto si è risolto solo con un grande spavento, Claudio Nuvoletti invece dovrà passare qualche giorno in ospedale prima di essere dimesso.

14 Lettura

Principali elementi morfosintattici: La costruzione passiva con *essere* e con *venire*.
Procedimento: Come spiegato al punto 3 di ***Ricominciamo***. Darete 4 minuti per la prima lettura.

Per introdurre l'argomento della lettura potete porre agli studenti le seguenti domande.
Secondo voi quanto usano la bicicletta gli italiani?
In quali città d'Italia avete visto gli abitanti usare molto la bicicletta?
In quali invece non l'avete vista usare affatto o molto poco?
Da che cosa dipende secondo voi?
Conoscete delle città italiane in cui c'è un buon numero di piste ciclabili?

Il termine persiano *pasdaran* (guardiano), divenuto popolare con la rivoluzione khomeinista, è usato spesso nei giornali per designare le persone fanaticamente intransigenti.

È ovvio che i giudizi degli studenti sulla situazione nelle varie città possono differire fra loro e distinguersi da quelli sia pure non espliciti espressi nell'articolo. Se infatti in quest'ultimo caso il testo ritiene probabilmente accettabile la situazione romana in cui esistono due piste ciclabili (in una città di 3 milioni e mezzo di abitanti!), è tutt'altro che impossibile che uno studente la ritenga invece pessima. Una volta svolto l'esercizio, fate perciò confrontare fra loro gli studenti chiedendogli di motivare, in caso di divergenze di giudizio, il loro parere.

15 Esercizio

Soluzione:
a. *I due automobilisti sono stati fermati dalla polizia.*
b. *La donna è stata accompagnata a casa dai carabinieri.*
c. *La signora è stata aiutata a rialzarsi da un vigile.*
d. *La polizia è stata avvertita da un passante.*
e. *Le due donne sono state ascoltate dagli agenti.*

Esercizio 16

Soluzione:

a. *vengono / sono rispettati*
b. *viene / è osservato*
c. *vengono / sono puniti*
d. *viene / è deviato*
e. *viene / è chiuso*
f. *vengono / sono visitate*

Come spiegato anche nella parte grammaticale esiste una differenza fra il passivo costruito con il verbo *essere* e quello costruito con il verbo *venire*. Il secondo ha infatti un carattere dinamico che il primo non possiede. Sfogliando così una guida turistica si leggerà che il timpano della chiesa tal dei tali «*è* sostenuto» da quattro colonne, e non «*viene* sostenuto»; una frase di questo genere infatti farebbe pensare a un sostegno provvisorio quale quello, per fare ancora un esempio, di un gruppo parlamentare a una proposta di legge che «*viene* sostenuta» dai partiti dell'opposizione. È chiaro comunque che il verbo *essere* può essere usato anche in una situazione dinamica.

E adesso tocca a voi! 17

Per lo svolgimento di questa attività vedi quanto detto al punto 2 di ***Ricominciamo.***

Un altra domanda che potete aggiungere a quelle dell'attività è la seguente: Avete mai fatto un viaggio in bicicletta? Se sì, che ricordo ne avete? Parlatene.

Esercizio 18

Trascrizione del notiziario
Durata del brano: 1'05"

Onda verde
Buona sera dal CIS viaggiare informati. Pioggia battente in Calabria e in Sicilia. In provincia di Reggio Calabria rallentamenti sulla statale 106 ionica, anche a

causa di un incidente nei pressi di Melito Porto Salvo; sul posto si viaggia a senso unico alternato. Altri rallentamenti tra Bovalino e Roccella Ionica. Sempre su questa statale traffico bloccato per una frana tra Bianco e Brancaleone. Difficoltà anche per quanto riguarda il traffico ferroviario. La linea Catanzaro-Reggio Calabria è bloccata tra Ardore, Bovalino, Bianco e Africo nuovo. Invariata la situazione in Sicilia: la A18 Messina-Catania è ancora chiusa al traffico per allagamenti tra Giardini Naxos e Catania nelle due direzioni. Il traffico è deviato sulla statale 114 orientale sicula. Segnaliamo inoltre vento forte sulla A 10 Genova-Ventimiglia dove è sconsigliato il transito ai furgoni, ai mezzi con teloni e a auto trainanti roulotte tra Ventimiglia e Savona. Tra Campotenese e Morano c'è vento e nebbia, inoltre in questo tratto sono obbligatorie le catene di scorta.
Per il momento è tutto. Il prossimo aggiornamento alle 18.27 sempre su Radio 1.

Procedimento: Farete ovviamente svolgere l'attività a libro aperto, effettuerete tre ascolti seguiti ognuno da un confronto a coppie.

19 Test

I.
torto – quel – sua – veniva – precedenza – è successo – essere rotta – favore

II.
a. *raccomandandogli* **b.** *pregandoli* **c.** *dicendomi* **d.** *pregandola* **e.** *lasciandomi*

III.
è stato visto – è stata avvertita – è stato raggiunto – è stato fermato – è stato accompagnato

Non so che dirLe!

Lingua orale

Situazione: La signora De Rossi suona alla porta della vicina, la signora Federici.

Principali intenzioni comunicative: Presentare una richiesta. Anticipare una conclusione. Chiedere comprensione. Fare una supposizione. Lamentarsi. Scusarsi. Promettere

Elementi morfosintattici: L'uso del congiuntivo per fare una supposizione e per esprimere incertezza.

Lingua scritta

Tipo di testi: Una lettera al settimanale *Epoca*. Un brano tratto da *Così parlò Bellavista* di Luciano De Crescenzo.

Elementi morfosintattici: Il congiuntivo presente e passato. L'uso del congiuntivo in proposizioni dipendenti quando nella proposizione principale sono presenti: un'opinione, un desiderio, una necessità, un'esortazione. La forma *non è che* seguita dal congiuntivo. Uso dell'infinito in una subordinata avente lo stesso soggetto della principale.

Elementi di civiltà: Rapporti di vicinato in Italia.

Questionario

1

Trascrizione del dialogo
Durata del brano: 3'10"

- ■ *Buongiorno, signora Federici.*
- ● *Ah, buongiorno, buongiorno.*
- ■ *Forse noi non ci conosciamo molto bene ancora, ci siamo appena intraviste una volta …*
- ● *Sì, ci siamo incontrate …*
- ■ *in ascensore. Signora, io sono l'inquilina di sotto.*
- ● *Ah, sì, sì.*

- ■ *La signora De Rossi.*
- ● *Ho capito.*
- ■ *Signora, io avrei una cortesia da chiederLe.*
- ● *Mi dica.*
- ■ *Lei credo abbia due bimbi, no?*
- ● *Sì.*
- ■ *Due bambini ancora piuttosto piccoli, mi sembra.*
- ● *Sì, beh, sono un po' vivaci, vero?*
- ■ *Sì, appunto, proprio di questo che volevo parlarLe …*
- ● *Mi dispiace.*
- ■ *Sì, perché sa, noi siamo, mio marito ed io siamo molto impegnati anche nel nostro lavoro, ci alziamo prestissimo la mattina...*
- ● *Eh, sì.*
- ■ *e spesso nel pomeriggio vorremmo … così … fare un sonnellino.*
- ● *Sì, ho capito.*
- ■ *Ci son sempre i bambini che giocano, che buttano la palla, il trenino. Non so con che cosa giocano …*
- ● *Eh, sì, sono un pochino vivaci, lo so,*
- ■ *Sì.*
- ● *Però ecco anch'io ho una cortesia da chiederLe.*
- ■ *Certo.*
- ● *Dia un pochino di tempo a questi bambini.*
- ■ *Sì.*
- ● *Sa, noi abitavamo in una casa grande.*
- ■ *Capisco.*
- ● *E avevamo un giardino.*
- ■ *Ho capito.*
- ● *E avevamo anche un cane, i bambini giocavano col cane, insomma, adesso si ritrovano qui chiusi in un appartamento.*
- ■ *Eh, certo, poi soprattutto in città come la nostra,*
- ● *Sì.*
- ■ *insomma che non c'è uno spazio proprio …*
- ● *Ecco, forse hanno bisogno di abituarsi un pochino, non so.*
- ■ *Sì, sì, sì, ma forse si potrebbe anche, così, trovare un momentino un compromesso. Se forse si potesse rispettare un attimino un orario …*
- ● *Ma io glielo dico …*
- ■ *il pomeriggio...*
- ● *anzi, a volte, così, li picchio anche.*
- ■ *Oddio, no, arrivare proprio a questo …*
- ● *Va be', insomma, senza esagerare.*

■ *forse non è necessario.*
● *Sa, c'è anche mia suocera qui con noi, vive con noi, e anche lei si lamenta,*
■ *Certo, certo.*
● *è anche, insomma, una persona piuttosto anziana e anche lei vuole il silenzio, vuole …*
■ *Appunto. Forse trovare, non so, un compromesso, non so, verso le tre, che so io, dalle due alle tre, proprio quando si torna da scuola, sa, noi siamo insegnanti, tutt'e due abbiamo a che fare tutta la giornata con ragazzini, così …*
● *Va bene.*
■ *E poi ci sarebbe ancora un'altra cosa, signora, mi scusi …*
● *Sì.*
■ *La sera, forse Lei, appunto, e Suo marito avete l'abitudine di guardare la televisione fino a tar...*
● *No, questa è mia suocera.*
■ *Ah, questa è Sua suocera.*
● *Ecco, gliene parli.*
■ *Sì, avrei proprio questa cortesia da chiederLe … cioè, sa come sono le nostre case, le pareti sono molto sottili e si sente proprio tutto … cioè le case italiane sono sempre così poco isolate …*
● *Signora, guardi, sono desolata, però, Lei capisce, anch'io ho delle difficoltà.*
■ *Certo.*
● *E sto cercando di ambientarmi anch'io e cerco anche di controllare i bambini. Ho problemi anche con mia suocera, però, ecco, non so che dirLe, mi dispiace.*
■ *Sì, sì, perché …*
● *Cercheremo di essere più tranquilli.*
■ *Ecco, magari dopo una certa ora, insomma, se fosse possibile.*
● *Sì.*
■ *Io comunque la ringrazio per per...*
● *Eh, mi dispiace.*
■ *la comprensione.*
● *No, Le chiedo scusa, cercheremo, ecco, di venirci incontro.*
■ *Va bene, signora, La ringrazio. Arrivederci.*
● *ArrivederLa, arrivederLa!*

Procedimento: Come indicato a pagina 12 di questa guida.

Soluzione:

a. *La signora Federici abita nell'appartamento di sopra.*
b. *Ha due bambini.*
c. *Era una casa grande con un giardino.*
d. *Per il rumore che fanno i bambini e per il volume alto del televisore.*
e. *Sono tutti e due insegnanti.*

2 Dialogo

Situazione: La signora De Rossi si lamenta con la signora Federici.
Principali intenzioni comunicative: Presentare una richiesta. Anticipare una conclusione. Giustificare la propria richiesta. Chiedere comprensione. Esprimere incertezza.
Principali elementi morfosintattici: Uso del congiuntivo per fare una supposizione e per esprimere incertezza.
Procedimento: Secondo la tecnica indicata al punto 2 della prima lezione.

3 Esercizio

Diamo a titolo di esempio il dialogo relativo alla sequenza **a.**
■ *Lei credo lavori in un ministero, no?*
● *Sì.*
■ *Al Ministero degli Esteri, mi sembra.*

4 Esercizio

Soluzione:
a. *guardi* **b.** *dorma* **c.** *viva* **d.** *paghino* **e.** *sia* **f.** *abbia*

Dettato

(5)

Situazione: La signora De Rossi si lamenta per il volume troppo alto del televisore della signora Federici.
Principali intenzioni comunicative: Fare una supposizione. Chiedere una cortesia. Scusarsi. Chiedere comprensione. Promettere.
Principali elementi morfosintattici: Uso del futuro per fare una promessa.
Procedimento: Secondo la tecnica indicata al punto 10 della prima lezione.

Soluzione:
■ *E poi ci sarebbe ancora un'altra cosa, signora, mi scusi.*
● *Sì.*
■ *La sera, forse Lei e Suo marito avete l'abitudine di guardare la televisione fino a tardi.*
■ *No, questa è mia suocera.*
● *Ah, questa è Sua suocera. Sì, ecco avrei proprio questa cortesia da chiederLe ... cioè, sa come sono le nostre case, le pareti sono molto sottili, e si sente proprio tutto.*
● *Signora, sono desolata, però, Lei capisce, anch'io ho delle difficoltà.*
■ *Certo.*
● *Sto cercando di ambientarmi anch'io e cerco anche di controllare i bambini. Ho problemi anche con mia suocera. Però, ecco, non so che dirLe, mi dispiace. Cercheremo di essere più tranquilli.*

Esercizio

(6)

Alcune espressioni si ripetono, con minime variazioni, nel dialogo e nel dettato. Le signore usano

per chiedere un favore:
Avrei una cortesia da chiederLe.
E poi ci sarebbe ancora una cosa, mi scusi.
Ecco, io avrei proprio questa cortesia da chiederLe.

per scusarsi e per chiedere comprensione:
Mi dispiace.
Non so che dirLe, mi dispiace.
Signora, sono desolata, però, Lei capisce, anch'io ho delle difficoltà.

Potete anche ampliare quest'attività chiedendo agli studenti di ascoltare ancora una volta il dialogo al punto 1 e di trascrivere anche quelle espressioni che le signore usano per venirsi incontro. Gli studenti potrebbero arrrivare ad alcune delle seguenti:

Signora De Rossi

Forse si potrebbe trovare un compromesso.

Se forse si potesse rispettare un orario …

Forse trovare, non so, un compromesso, che so io …

ecco, magari …

se fosse possibile …

Signora Federici

Anch'io avrei una cortesia da chiederLe.

Sa com'è …

Cercheremo di essere più tranquilli.

Cercheremo, ecco, così, di venirci incontro.

È chiaro che, facendo un esercizio di questo tipo, gli studenti probabilmente scopriranno anche delle espressioni le cui strutture grammaticali non sono ancora conosciute, come per esempio il congiuntivo imperfetto. Ovviamente in questo caso l'insegnante si limiterà a far «registrare» l'espressione soltanto dal punto di vista funzionale.

7 E adesso tocca a voi!

Per lo svolgimento di questa attività vedi quanto detto al punto 12 della lezione 3.
Qualora il numero degli studenti sia dispari e non possiate quindi riunirli in coppie senza che qualcuno resti fuori, potete aggiungere all'attività questo terzo ruolo in modo di avere alle fine tutte coppie e un gruppo di tre studenti.

C Lei è un insegnante e abita al primo piano di in una palazzina in periferia. L'inquilino del piano terra (quello con il giardino) è molto gentile e cordiale; peccato che abbia un cane. Sì perché quella bestiaccia non fa che abbaiare, il giorno e soprattutto la notte. Lei, come gli altri inquilini, ha già protestato e da allora sembra che il cane si sia un pochino calmato, almeno la notte. Ora però nell'appartamento accanto al Suo è venuto ad abitare un / una musicista e ogni volta che questo / -a si esercita al violino il cane comincia ad abbaiare. Che concerto! E comunque non è soltanto il cane a disturbare, perché anche il suono del violino ... il suono del violino passa le pareti e Le impedisce di concentrarsi come vorrebbe. Rientrando a casa dal mercato ha visto il marito / la moglie del / della violinista entrare nell'appartamento del padrone del cane. Forse è sceso / -a per lamentarsi. Ma anche Lei ha qualcosa da dire sul cane e sul violino, così dopo aver lasciato in cucina la spesa, suona anche Lei alla porta del padrone del cane.

Lettura

8

Il testo è tratto dalla rivista *Epoca*. Rita dalla Chiesa, conduttrice dei programmi televisivi *Forum* e *Affari di famiglia*, in entrambi i quali viene messa in scena una vertenza giudiziaria (con successiva sentenza da parte di un giudice), risponde in questa pagina del settimanale ai lettori che chiedono la sua opinione.

Principali elementi morfosintattici: L'uso del congiuntivo in proposizioni dipendenti quando nella proposizione principale sono presenti: un'opinione, un desiderio, una necessità, un'esortazione.
Uso dell'infinito in una subordinata avente lo stesso soggetto della principale.

Procedimento: Dite agli studenti di leggere soltanto la lettera di Alessandra. Fate poi chiudere il libro e chiedete loro che consiglio darebbero alla bambina. Se volete, potete anche dar loro una decina di minuti per scrivere la risposta alla lettera e alcuni minuti ancora per far confrontare le varie risposte. Date quindi inizio alla lettura del secondo testo applicando la tecnica descritta al punto 3 di ***Ricominciamo*** e assegnando 4 minuti per la prima lettura.
Alla fine dell'attività chiedete agli studenti se sono d'accordo con quanto sostiene la signora Comparini nella sua lettera.
Per l'uso della congiunzione *tanto*, che compare qui alla seconda riga, vedi quanto detto al punto 13 della terza lezione.

9 Esercizio

Io credo che … ci voglia
Mi sembra impossibile che … ci sia
Io credo che … siano stati
Lasciamo che … crescano

10 Esercizio

Ovviamente dopo *secondo me* e *forse* le frasi rimarranno invariate, mentre negli altri casi seguirà il verbo al congiuntivo.

11 Esercizio

a. … *che la signora sia antipatica.*
b. … *di essere antipatica ai bambini.*
c. … *di non fare rumore quando gioco.*
d. … *che i bambini facciano troppo rumore.*
e. … *che gli adulti siano intolleranti.*
f. … *che i bambini disturbino dovunque.*
g. … *di pretendere troppo.*
h. … *che gli adulti pretendano troppo.*
i. … *di avere il diritto di giocare in cortile.*

12 E adesso tocca voi!

Per lo svolgimento dell'attività al punto **a.** vedi quanto detto al punto 19 della prima lezione.

Qualora qualche vostro studente sia povero di fantasia ecco una lista dei piccoli e grandi problemi che possono sorgere in un condominio.

1. L'inquilina dell'ultimo piano che lavora nel cinema fa in continuazione feste disturbando tutto il condominio.
2. Uno degli inquilini è un alto magistrato e i poliziotti della sua scorta hanno trasformato l'edificio in una specie di bunker controllando tutti quelli che entrano.

3. Per risparmiare sulle spese gli inquilini hanno deciso di far fare le pulizie condominiali ogni due settimane e adesso le scale sono sempre sporche.
4. L'assemblea dei condomini ha stabilito il seguente orario per l'accensione del riscaldamento: dalle 7 alle 10 e dalle 17 alle 22. Lei che è pensionato/-a e che sta tutto il giorno a casa la mattina batte i denti per il freddo.
5. L'assemblea dei condomini ha deciso di installare un'antenna parabolica. La spesa è di 800.000 per inquilino. Lei che non ha neanche il televisore non vuole pagare.

Lettura

Principali elementi morfosintattici: La forma *non è che* seguita dal congiuntivo.

Prima di iniziare l'attività richiamate l'attenzione sulla seconda fotografia, chiedendo agli studenti di descriverla. Domandate chi, secondo loro, ha steso le corde che uniscono le due file di case e come si regolano gli inquilini delle abitazioni dirimpetto per decidere chi e quando debba stendere. Date poi inizio all'attività procedendo secondo la tecnica illustrata al punto 3 di ***Ricominciamo*** e dando 5 minuti per la prima lettura.

Luciano De Crescenzo (Napoli 1928) dopo la laurea in ingegneria lavora per anni come dirigente all'IBM Italia. Nel 1977, contro il parere dei parenti e degli amici, lascia il «posto sicuro» e si tuffa nel mondo della narrativa (*Così parlò Bellavista, Raffaele, Zio Cardellino*) e dello spettacolo, dove lavora alla sceneggiatura di alcuni film. Nel 1982 è regista e interprete di *Così parlò Bellavista* basato sull'omonimo romanzo. Nel 1983 inventa la «napoletanofilosofia» scrivendo la *Storia della filosofia greca* in due volumi a cui seguono *La domenica del villaggio* (1987) una documentazione fotografica su Napoli, *Oi Dialogoi, Vita di Luciano De Crescenzo scritta da lui medesimo* (1989), *Elena, Elena, amore mio* (1991), *Il dubbio* (1992), *Croce e delizia* (1993). Negli anni seguenti ha pubblicato alcuni libri accompagnati da videocassetta *I miti dell'amore* (1991), *I miti degli eroi* (1992), *I miti degli dei* (1993) e *I miti della guerra di Troia* (1994).

14 Esercizio

Soluzione:
Non è che … abbiano detto.
Ognuno … desidera … che anche i suoi vicini lo ignorino e ricambino questa indifferenza.
È necessario che le signore inquiline … si siano parlate, si siano messe d'accordo.

Dopo che gli studenti avranno risposto alla seconda domanda dell'esercizio, spiegate loro che il congiuntivo segue i verbi che esprimono desiderio e necessità. Amplierete poi la spiegazione chiedendo quali altri verbi potrebbero sostituire *desiderare* e *è necessario*.

15 E adesso tocca a voi!

Per lo svolgimento del punto **a.** di questa attività vedi quanto detto al punto 2 di ***Ricominciamo*** e al punto 19 della prima lezione.

16 Test

I.
a. *ha avuto* **b.** *abbia cercato* **c.** *sia* **d.** *hai* **e.** *è – parli* **f.** *sia tornato*

II.
a. *con – di* **b.** *al – in* **c.** *nei – a – in – sui* **d.** *di – per* **e.** *con – di*

Attività supplementare

La presente lezione si conclude praticamente con una lettura; con una lettura inizia anche la lezione successiva. Per spezzare la monotonia di due attività uguali, potete, qualora finiate l'unità e iniziate la successiva all'interno della stessa lezione, far svolgere agli studenti il gioco che presentiamo qui sotto. L'intermezzo non è ovviamente necessario se la lezione in classe e quella nel libro si concludano contemporaneamente e quindi se inizierete la lezione 7 nell'incontro successivo con gli studenti. Potete comunque ricorrere al gioco che presentiamo in un qualsiasi momento del corso a partire da questa lezione.

Cruciverba competitivo

Copiate innanzitutto alla lavagna l'abbozzo di cruciverba qui sotto.

```
         C
      C A N E
         L A N A
   Z U P P A
       I O
         L
         I
```

Chiedete adesso agli studenti i fornirvi la definizione di una delle parole, per esempio la definizione di *cane*. Se otterrete soltanto *animale domestico*, mostrate alla classe quante altre possibilità esistono scrivendo di seguito:
- il migliore amico dell'uomo
- il nemico del gatto
- il cugino del lupo
- quando è felice muove la coda

e tutte le altre definizioni che vi verranno in mente.

Una volta dimostrato quante possibilità esistono per definire qualcosa, dividete la classe in due gruppi consegnando a ognuno di essi le fotocopie dei fogli A e B. Compito di ogni gruppo sarà quello di scrivere le definizioni delle parole riportate sul foglio e di consegnarle all'altro gruppo; così il gruppo A darà al gruppo B la definizione delle parole orizzontali e riceverà quelle delle parole verticali, ossia di quelle necessarie a completare il cruciverba.

Trattandosi di un gioco vincerà chi completerà per primo lo schema. Sarà bene comunque che, prima dello scambio dei fogli con le definizioni, con-

trolliate se quanto scritto sia corretto e se le definizioni siano comprensibili. Sarà bene ancora che i due gruppi dispongano di un piccolo dizionario; questo non per capire le parole del cruciverba (sono tutte già uscite in ***Linea diretta 1*** e in ***Linea diretta 2*** fino alla fine della sesta lezione, sebbene forse qualcuna sarà stata dimenticata), ma per svolgere meglio il compito di scrivere le definizioni, per capire meglio quelle ricevute e magari per cercare una delle parole da inserire nelle caselle che, sebbene conosciuta, si sia dimenticata.
Per lo svolgimento del gioco procedete comunque nel modo seguente:
Una volta consegnati i fogli ai due gruppi date quindici minuti di tempo per scrivere le definizioni, facendo attenzione che queste vengano scritte prima su un foglio di quaderno e poi, una volta che voi le abbiate controllate, copiate in una grafia comprensibile sul foglio da consegnare all'altro gruppo.
Alla fine del quarto d'ora ritirerete i due fogli con le definizioni e li consegnerete voi contemporaneamente ai due gruppi dando avvio così alla fase del gioco vero e proprio.
Due ultime avvertenze: disponete i due gruppi il più lontano possibile l'uno dall'altro e dite loro di non pronunciare, al momento di dovere scrivere le definizioni, le parole dello schema; se uno studente chiedesse per esempio ad alta voce a un altro del suo gruppo «Che significa marciapiede?» avrebbe regalato la parola agli avversari.

Foglio A

	1		2		3		4		5	
6 C	A	R	A	B	I	N	I	E	R	I
7 S	C	U	S	A	R	E		8 A	G	O
							9			
10 M	A	D	R	E		11 M	A	G	R	O
					12					
13 V	I	A		14 C	A	R	A	F	F	A
			15							
16 A	D	D	I	R	I	T	T	U	R	A

piegare qui, strappare e consegnare all'altro gruppo

Orizzontali

6 ____________________

7 ____________________

8 ____________________

10 ____________________

11 ____________________

13 ____________________

14 ____________________

16 ____________________

Foglio B

■	1 M	■	2 P	■	3 B	■	4 M	■	5 F	■
6	A		A		I		I		R	
■	R	■	S	■	R	■	O	■	I	■
7	C		S		R		■	8	G	
■	I	■	A	■	A	■	9 D	■	O	■
10	A		R		■	11	A		R	
■	P	■	E	■	12 R	■	V	■	I	■
13	I		■	14	A		A		F	
■	E	■	15 Z	■	D	■	N	■	E	■
16	D		I		I		T		R	
■	E	■	O	■	O	■	I	■	O	■

piegare qui, strappare e consegnare all'altro gruppo

Verticali

1 ______________________

2 ______________________

3 ______________________

4 ______________________

5 ______________________

9 ______________________

12 ______________________

15 ______________________

Mio figlio come al solito

Lingua orale

Situazione: Marco si lamenta con Luciana del comportamento del figlio.

Principali intenzioni comunicative: Lamentarsi. Rimproverare. Indicare la fatalità di un fatto. Esprimere la propria opinione. Convenire.

Elementi morfosintattici: La particella *ci* per esprimere i complementi di compagnia e di mezzo. Il congiuntivo presente dei verbi irregolari. L'uso del congiuntivo e dell'indicativo.

Lingua scritta

Tipo di testi: Un articolo di cronaca tratto da *Il Corriere della Sera*. Un articolo tratto dal settimanale *Anna*.

Elementi morfosintattici: Uso di *mentre* e *durante*. Il condizionale passato. La congiunzione finale *perché*. Il verbo toccare nel significato di *essere obbligato*. Il verbo *cavarsela*.

Lettura

1

Principali elementi morfosintattici: Differenza fra *mentre* e *durante*. Il condizionale passato.
Procedimento: Come spiegato al punto 3 di ***Ricominciamo***. Darete 4 minuti per la prima lettura.

La fotografia rappresenta alcuni studenti all'uscita del liceo classico Terenzio Mamiani di Roma.

Soluzione: a. *f* **b.** *f* **c.** *v* **d.** *f*

② Esercizio

Soluzione:

a. a.3 b.5 c.1 d.4 e.2

b. *prendere una decisione – sollevare polemiche – chiedere spiegazioni – annunciare uno sciopero*

c. a.3 b.1 c.2

d. *provvedimento, punizione, ramanzina, polemiche*

③ Esercizio

Soluzione:

a. *Durante il viaggio …*
b. *Durante il pranzo …*
c. *Mentre dormo …*
d. *Mentre correvo …*
e. *Mentre ritornavo …*
f. *Durante il lavoro …*
g. *Durante la salita …*
h. *Mentre passeggiavamo …*
i. *Durante la cena …*

④ Esercizio

Soluzione:

a. *avrei dato* **b.** *avrebbero fatto* **c.** *si sarebbe comportato* **d.** *avrei baciato* **e.** *avremmo punito* **f.** *avrei evitato* **g.** *avremmo perdonato* **h.** *saresti stato* **i.** *avrei cercato*

⑤ E adesso tocca a voi!

Potete trasformare la discussione in una sorta di dibattito televisivo simulando essere voi il moderatore televisivo e gli studenti, ognuno dei quali assumerà uno dei ruoli raffigurati, i partecipanti alla trasmissione.

Come attività scritta a casa potrete assegnare il compito di far scrivere una lettera al *Corriere della Sera* in cui gli studenti, dopo aver scelto un ruolo fra quelli raffigurati o interpretando semplicemente se stessi, commentino la presa di posizione del preside e quella degli studenti.

Questionario

6

Trascrizione del dialogo
Durata del brano: 3′15″

■ *Ehi Marco, che faccia!*
● *Eh sì. Mio figlio come al solito. Be', conosci la mia situazione.*
■ *Eh sì.*
● *Sai questo ragazzo che non … Ma non lo so, insomma queste cose. In casa così sempre risponde a monosillabi, non ci si può mai fare un discorso insieme. Poi sempre piantato davanti a quel televisore là con 'sti video musicali.*
■ *Questo è il problema di tutti i ragazzi.*
● *Ma non tutti i ragazzi. Guarda, io ne conosco altri. Miei amici così, ma non sono la stessa cosa assolutamente.*
■ *Sì, ma cosa pretenderesti tu, ascolta Marco. Io penso … secondo me sei un attimino troppo esigente.*
● *No. Poi guarda, combinazione ha voluto … no, guarda, combinazione ha voluto o forse non combinazione, che abbia trovato una ragazza che è come lui, identica.*
■ *Be' senti guarda a sedici anni …*
● *Quindi l'uno non incoraggia l'altro, l'uno non fa sviluppare l'altro. Ma insomma, non lo so.*
■ *No guarda, io penso tu pretendi un pochino troppo, guarda. Lui ha sedici anni e tu vorresti che lui fosse una copia di come eri tu a sedici anni.*
● *No, ma io ti ripeto, vedo come mi trovo con altri ragazzi della sua età. Adesso per esempio l'ultima: lui non vuole passare le vacanze con me, con noi, coi genitori perché ha trovato un lavoro per tre mesi, insomma: il lavapiatti, lava i piatti e pulisce per terra.*
■ *Guarda, io onestamente trovo che faccia bene lui. Cioè secondo me lui si deve fare le sue esperienze. Cioè un lavoro … Il fatto che si guadagni i propri soldi io lo trovo qualcosa di positivo, senti.*
● *Sì, ma stare in questa cucina di un albergo al mare anziché venire con noi. Ma poi non lo so, secondo me no, non gli fa bene, non aiuta, non so non farà amicizie lì non …*

- ■ *Ma e perché scusa? Cioè io penso: lui ha desiderio di guadagnare i propri soldi, di farsi le proprie esperienze e in fondo anche forse di staccarsi da voi. Io penso che sia, così, un desiderio legittimo, e ...*
- ● *Sì, è un desiderio legittimo solo che io penso che lui lo faccia attraverso forme sbagliate che lui scelga cose sbagliate.*
- ■ *Tu cosa pretenderesti? Cosa vorresti?*
- ● *Ma non lo so, io gli avevo detto che poteva benissimo fare le vacanze non con noi, e lui avrebbe avuto pagato tutto quello che voleva, andava dove voleva ...*
- ■ *Ma forse è esattamente quello che lui non vuole, capisci?*
- ● *Ma io non lo so. Rinuncia a delle comodità, a delle cose. Poteva andare con la sua ragazza, poteva andare con altre persone. Lui ama tanto viaggiare.*
- ■ *E ti ha detto perché vuole fare questo lavoro?*
- ● *Ma no, neanche questo perché non ci si riesce ... ma non ci si riesce a parlare. Eh, non ci si riesce a parlare.*
- ■ *Non è che dipenda forse da te che sei troppo, che so, troppo duro nei suoi confronti. Tu hai cercato di parlarci?*
- ● *Sì, sì, ma guarda è proprio ... no una situazione. Sì, ho cercato di parlarci ma non c'è niente da fare. Risponde a monosillabi, risponde ... non risponde di fatto, evita, evita la conversazione.*
- ■ *E Sandra ha provato a parlarci?*
- ● *Sì, come no.*
- ■ *E ha ottenuto i medesimi risultati.*
- ● *E lo stesso risultato identico identico. Abbiamo parlato anche con la sua ragazza. Abbiamo provato a parlare, ma è la stessa cosa.*
- ■ *Comunque guarda che a sedici anni ...*
- ● *No, guarda non sappiamo veramente più che fare.*
- ■ *No, Marco, sei categorico, eh ...*

Procedimento: Come indicato a pagina 12 di questa guida.

Soluzione:

a. *Il figlio di Marco guarda spesso la TV, vuole lavorare in un albergo, ama viaggiare.*

b. *Marco non riesce a parlare con il figlio, non sa più che fare con il figlio.*

c. *Luciana pensa che Marco sia troppo esigente con il figlio e che il figlio di Marco abbia ragione.*

Dialogo

7

Situazione: Luciana si rivolge a Marco che vede scuro in volto.
Principali intenzioni comunicative: Lamentarsi. Rimproverare. Indicare la fatalità di un fatto.
Principali elementi morfosintattici: La particella *ci* per sostituire il complemento di compagnia. Il congiuntivo passato.
Procedimento: Secondo la tecnica indicata al punto 2 della lezione 1.

Alla quinta e alla settimana battuta compaiono due parole di grande successo ma molto invise ai puristi: *attimino* e *pochino*, inoltre, a dispetto delle regole (almeno di quelle consacrate) compare nell'ultimo enunciato l'indicativo *pretendi* al posto del congiuntivo *pretenda*. In realtà, secondo chi scrive, la presenza dei diminutivi e dell'indicativo risponde a una precisa esigenza comunicativa che una diversa soluzione, più «accademica», avrebbe del tutto snaturato.
Nella discussione, sia pure appena iniziata, Luciana sta chiaramente prendendo le parti del figlio di Marco, non tanto dichiarando la sua opinione quanto rimproverando Marco della sua rigidità. «Secondo mei sei un attimino troppo esigente» è in questo senso un vero e proprio rimbrotto che la presenza di quell'*attimino* tende, come abbiamo poi segnalato allo studente al punto 14, ad attenuare. Essendo ancora un rimprovero il giudizio espresso nell'ultimo enunciato (un rimprovero e non un parere) è necessario l'uso dell'indicativo, benché ad introdurre il modo verbale non sia stavolta la locuzione *secondo me* (che secondo i canoni consacrati richiede l'indicativo), ma il verbo *pensare*. Le due battute sono insomma identiche da un punto di vista comunicativo, e in questo senso coerentemente e correttamente Luciana è ricorsa allo stesso modo verbale e a due sostantivi alterati aventi identica funzione.

La combinazione *ci si* presente in questo dialogo è ovviamente differente da quella solo morfologicamente identica incontrata per la prima volta in questo libro nella lettura al punto 1 della seconda lezione. Lì si trattava della forma impersonale di un verbo riflessivo, qui invece dell'incontro fra il *si* impersonale e la particella *ci* avente il significato di *con lui, con lei, con questo* etc.

8 Esercizio

Soluzione:
a. *non ci si può fare* **b.** *non ci si può discutere* **c.** *non ci si può lavorare* **d.** *non ci si può giocare* **e.** *non ci si può scherzare* **f.** *non ci si può cucinare*

9 Esercizio

Soluzione:
troppo esigente → pretende troppo
troppo attivo → lavora troppo
troppo altruista → fa troppo per gli altri
troppo ottimista → si aspetta troppo dal futuro
troppo paziente → sopporta troppo
troppo ingenuo → si fida troppo

10 Esercizio

Diamo a titolo di esempio la frase relativa alla prima sequenza.
Secondo mei sei un attimino troppo indulgente. Guarda, io penso che tu perdoni un pochino troppo facilmente.

11 Esercizio

Soluzione:
Combinazione ha voluto che …
a. *Carlo abbia perso …*
b. *la macchina si sia rotta.*
c. *siano passati …*
d. *non sia riuscito …*
e. *sia stato presentato …*
f. *sia arrivato …*
g. *abbiamo trovato …*
h. *ci abbiate telefonato …*
i. *tutti e due abbiano …*

Dettato (12)

Situazione: Luciana difende la scelta del figlio di Marco.
Principali intenzioni comunicative: Esprimere la propria opinione. Riconoscere le ragioni dell'altro mantenendo le proprie riserve.
Principali elementi morfosintattici: Congiuntivo presente dei verbi irregolari
Procedimento: Secondo la tecnica indicata al punto 10 della lezione 1.

Soluzione:
■ *Guarda, io, onestamente, trovo che faccia bene lui. Cioè, secondo me lui si deve fare le sue esperienze. Il fatto che si guadagni i propri soldi, io lo trovo qualcosa di positivo.*
● *Sì, ma stare in questa cucina di un albergo al mare, anziché venire con noi. Ma poi, non lo so, secondo me no, non gli fa bene.*
■ *Ma perché scusa? Cioè, io penso: lui ha il desiderio di guadagnare i propri soldi, di farsi le proprie esperienze e in fondo forse anche di staccarsi da voi. Io penso che sia, così, un desiderio legittimo.*
● *Sì, è un desiderio legittimo, solo che io penso che lui lo faccia attraverso forme sbagliate, che lui scelga cose sbagliate.*

Esercizio (13)

Diamo a titolo di esempio il dialogo relativo alla sequenza **a.**
■ *Io penso che per lui sia un'esperienza importante.*
● *Sì, è un'esperienza importante, solo che io penso che lui sia ancora troppo giovane.*

Esercizio (14)

Per quanto riguarda lo svolgimento di questo esercizio si veda quanto è stato detto al punto 14 della lezione 4.

15 Esercizio

Soluzione:
a. *onestamente*
b. *solo che*
c. *un attimino / un pochino*
d. *combinazione ha voluto che*
e. *cioè*

16 E adesso tocca a voi!

Per lo svolgimento di questa attività vedi quanto detto al punto 12 della lezione 3.

17 Lettura

Principali elementi morfosintattici: Il condizionale passato. Il verbo *cavarsela*. Il verbo *toccare* nel significato di *dovere, essere obbligato*. La congiunzione finale *perché*.
Procedimento: Come spiegato al punto 3 di ***Ricominciamo***.

La forma *pur di* compare per la prima volta in questa lezione e ritorna nella lettura della lezione successiva. Si tratta di una locuzione congiuntiva con valore finale analoga alla congiunzione anch'essa finale *per*. La differenza consiste nella portata enfatica della prima. Una frase del tipo «anche i meno intraprendenti si danno un gran da fare per sudare le proverbiali sette camicie» benché corretta non suona del tutto propria agli orecchi di un parlante di lingua madre; l'enfasi dell'espressione «sudare sette camicie» risulta infatti disattesa dalla portata neutra della congiunzione *per*.

Il verbo *toccare* se coniugato alla terza persona singolare e preceduto dai pronomi oggetto indiretto ha il significato di *dovere, essere obbligato* con una sfumatura di evidente fastidio, come risulta chiaramente dalla frase nella quale compare in questa lettura.

Soluzione:
a. *Annalisa* **b.** *Davide* **c.** *Margherita* **d.** *Margherita* **e.** *Davide*
f. *Annalisa* **g.** *Davide* **h.** *Margherita*

Esercizio 18

Soluzione:

a. *spupazzarsi – canile – sudare sette camicie*
b. *con la lingua me la cavavo abbastanza bene – mi tocca stare – vecchiotto*
c. *è impegnata – si faccia – rimettere*
d. il primo *perché* è causale, il secondo è finale.

Esercizio 19

Dopo che gli studenti avranno svolto l'esercizio, li inviterete a porsi l'un l'altro le stesse domande.

E adesso tocca a voi! 20

Per lo svolgimento di questa attività vedi quanto detto al punto 6 di ***Ricominciamo***.

Test 21

I.
a. *berrei* **b.** *sarei voluto* **c.** *Avrei visto* **d.** *sarebbe piaciuto* **e.** *regalerei* **f.** *telefonerei*

II.
a. *compri* **b.** *tocca* **c.** *abbia telefonato* **d.** *sei* **e.** *se la cavi* **f.** *abbiano* **g.** *hai*

III.
a. *anziché* **b.** *durante* **c.** *come* **d.** *cioè* **e.** *in fondo*

LEZIONE 8

Ma perché non prendi l'autobus?

Lingua orale

Situazione: Anche stamattina Stefano arriva in ufficio in ritardo e Gabriella scherzosamente glielo fa notare.

Principali intenzioni comunicative: Confrontare polemicamente la situazione dell'altro con la propria. Riconoscere le ragioni dell'altro. Consigliare. Negare enfaticamente le conclusioni dell'altro. Presentare gli svantaggi del comportamento dell'altro. Contestare enfaticamente le ragioni dell'altro.

Elementi morfosintattici: Il congiuntivo imperfetto. Il periodo ipotetico della possibilità. Uso di *quanto* in un'esclamazione.

Lingua scritta

Tipo di testi: Un articolo di costume tratto da *La Stampa*. Un articolo di cronaca tratto da *La Repubblica*.

Elementi morfosintattici: Il congiuntivo imperfetto. I pronomi dimostrativi *coloro che, quelli che, chi*. Uso del congiuntivo in una relativa dipendente da un superlativo relativo. L'infinito passato in una temporale preceduta dalla congiunzione *dopo*.

Elementi di civiltà: L'importanza dell'automobile per gli italiani. Il problema del traffico e quello dell'inquinamento da auto.

1 Lettura

Pricipali elementi morfosintattici: I pronomi dimostrativi *coloro che, quelli che, chi*.

Potete iniziare la lettura nel modo tradizionale oppure distribuendo a ogni studente una fotocopia del seguente questionario che poi leggerete spiegandone il lessico.

Se lei fosse il vincitore della Lotteria di Capodanno cosa farebbe per prima cosa?

Smetterei di lavorare ☐
Comprerei una casa ☐
Comprerei l'auto dei miei sogni ☐
Farei il giro del mondo ☐
Farei beneficenza ☐
Scapperei da … ☐
Investirei i soldi ☐
Penserei al futuro di:
figli, famiglia, amici ☐
Altro ☐
Non so ☐

A cosa rinuncerebbe pur di essere il vincitore della Lotteria di Capodanno?

Alla moglie / al marito / ai parenti ☐
A vivere nel mio paese ☐
A niente ☐
A tutto ☐
Altro ☐
Non so ☐

Se lei fosse il vincitore quanto della vincita sarebbe disposto a dare in beneficenza?

Niente ☐
Da 1% a 15% ☐
Da 16% a 30% ☐
Da 31% a 50% ☐
Da 51% a 75% ☐
Tutto ☐
Non so ☐

Alla fine raccoglierete i fogli e insieme alla classe, come in un normale sondaggio, calcolerete le percentuali che scriverete poi alla lavagna o, ancora meglio, su un lucido che avrete ricavato dal foglio qui sopra. A questo punto potete chiedere agli studenti come, secondo loro, hanno risposto gli italiani, e, dopo aver raccolto i diversi pareri, li inviterete ad aprire il libro a p. 108 e a leggere l'articolo.
Badate comunque che, scegliendo l'approccio alla lettura appena descritto, faciliterete, fino al punto di renderla inutile, l'attività di completamento degli schemi posta al di sotto dell'articolo, inoltre dovrete rinunciare, dato che la svolgerete in anticipo, all'attività di produzione orale al punto 3.

Per l'uso di *pur di* vedi quanto detto al punto 17 della lezione precedente.

2 Esercizio

Soluzione:
Leggeremente inferiore la percentuale di coloro che hanno invece risposto ...
C'è la significativa percentuale del 10,8 per cento di coloro che farebbero anche beneficienza ...
Seguono quelli che, previdenti, penserebbero al futuro ...
Lo «zoccolo duro» di coloro che non mollerebbero mai l'osso ...
Per chi non vince in prima persona rimane la speranza ...
Leggermente inferiore la percentuale di chi ha invece risposto ...
C'è la significativa percentuale del 10,8 per cento di chi farebbe anche beneficienza ...
Segue chi, previdente, penserebbe al futuro ...
Lo «zoccolo duro» di chi non mollerebbe mai l'osso ...
Per coloro che / quelli che non vincono in prima persona ...

3 E adesso tocca a voi!

Per lo svolgimento di questa attività potete, se non lo avete già fatto in occasione della lettura, ricorrere, fotocopiandolo e distribuendolo agli studenti, allo schema riportato a pagina 105.

Questionario

4

Trascrizione del dialogo

Durata del brano: 3'26"

- ■ *Nel tuo ritardo sei puntualissimo anche stamattina ...*
- ● *Sì, Gabriella, dai! No, no, no, no. Ciao. Senti non ho voglia proprio di scherzare.*
- ■ *Eh, che t'è successo?*
- ● *No, no. Eh che m'è successo? La storia qui di tutti i giorni. E sì. Ho girato venti minuti, venti minuti persi con la macchina, ecco per poi doverla lasciare in seconda fila, e rischiare come ieri che facciano la multa, e altre volte, tutte le altre volte che l'ho pagata. Nonostante che io lasci il biglietto: sono, eccetera, sono lì al posto tal de' tali al numero tal de' tali, arriva il vigile, che arriva soltanto quando gli pare, ecco capisci?*
- ■ *No, scusa, scusa se ti interrompo, ma questo lo vuoi tu.*
- ● *Come, lo voglio io?*
- ■ *Ma perché non prendi l'autobus?*
- ● *Eh poverina! E tu certo parli bene perché tu sei a un autobus di distanza da qui, comodo fra l'altro perché dalla tua parte non è ... non è affollato. Vieni a casa mia. Sono tre autobus. No, sono tre autobus che spesso non arrivano in orario. Poi, quando anche arrivano son pieni affollati, e d'estate irrespirabili.*
- ■ *Sì, su questo hai ragione ... non lo dubito, però se tu ti alzassi un pochino prima non sarebbe una soluzione?*
- ● *No, ancora prima? Cioè io mi alzo alle sei e mezza per arrivare qui e cominciare alle otto e mezza.*
- ■ *E be', ma saresti più sereno sai?*
- ● *No, ma che sarei più sereno!*
- ■ *A che ti serve dormire mezz'ora in più se dopo arrivi avvelenato.*
- ● *No, no guarda c'era un periodo in cui io venivo sempre in autobus. Ero avvelenato tutti i giorni. Peggio, peggio di così. No, perché è impossibile, è impossibile. Poi arrivavo spesso anche in ritardo.*
- ■ *Mmm, be' io penso che ... scusa, scusa se sono sincera, ma se tutti fossero ecologici come te, se tutti la pensassero come te, scoppieremmo ancora di più.*
- ● *No, ma non sono io che non sono ecologico, è l'amministrazione comunale. Perché se il servizio pubblico fosse efficiente, invece di fare la demagogia «usate il servizio pubblico» quando poi col servizio pubblico non arrivi mai, se fosse efficiente, automaticamente indurrebbe tutti i cittadini come me a usare il servizio pubblico anziché quello privato.*
- ■ *E invece scusa tanto, ma io sono dell'idea che il comune siamo anche noi e se noi invece ci impegnassimo ...*

● *No, noi siamo poveri cittadini che eleggiamo il comune, eleggiamo e paghiamo.*
■ *Sì, ma se questi poveri cittadini decidessero un giorno di prendere l'autobus …*
● *Sì, poveretti,*
■ *di rinunciare alla macchina ...*
● *… starebbero aggrappati sopra, starebbero sopra l'autobus.*
■ *No, no. Il comune si impegnerebbe certo a migliorare anche …*
● *Ma che si impegnerebbe. Ma quanto sei ingenua. Quanto sei ingenua. Assolutamente.*
■ *Ma senti del buco nell'ozono hai sentito parlare?*
● *Ma certo, ma queste sono appunto le deficienze di un'amministrazione comunale scadente e ipocrita.*
■ *Ma non lo so.*
● *Sì.*
■ *Ma io penso invece …*
● *In alternativa, no, dovrebbe o essere organizzato un efficiente servizio pubblico oppure essere costruiti dei parcheggi sotterranei che assorbissero il volume del traffico …*
■ *Il parcheggio scusami non è la soluzione, perché il parcheggio ti risolve un problema, ecco della metà del traffico o di un terzo, di un quarto.*
● *No. No, no, no.*
■ *Ma il volume di traffico che abbiamo raggiunto adesso proprio perché tutti non rinunciano alla macchina, e tutti vogliono essere comodi …*
● *Ma ti sei chiesta perché tutti non rinunciano alla macchina?*
■ *Perché vogliono la comodità.*
● *Ma certo perché i servizi pubblici sono scomodissimi.*
■ *E ma questo è il punto di partenza.*
● *Appunto è il punto di partenza. È quello appunto che sto dicendo io.*
■ *No, senti. No.*

Procedimento: Come indicato a pagina 12 di questa guida.

Soluzione:
a. *In seconda fila.*
b. *Tre autobus*
c. *Si alza alle sei e mezzo e comincia a lavorare alle otto e mezzo.*
d. *Costruire dei parcheggi sotterranei e organizzare un efficiente servizio pubblico. Implicitamente anche essere più tollerante con chi parcheggia irregolarmente; ma questo Stefano, anche se forse lo pensa, non lo dice.*

Dialogo
5

Situazione: Gabriella consiglia a Stefano di venire al lavoro in autobus anziché in macchina.
Principali intenzioni comunicative: Confrontare polemicamente la situazione dell'altro con la propria. Riconoscere le ragioni dell'altro. Consigliare. Negare enfaticamente le conclusioni dell'altro. Presentare gli svantaggi del comportamento dell'altro.
Principali elementi morfosintattici: Periodo ipotetico della possibilità.
Procedimento: Secondo la tecnica indicata al punto 2 della lezione 1.

Esercizio
6

Diamo a titolo d'esempio il dialogo relativo alla sequenza **a.**

- ■ *Se ti svegliassi un pochino più presto, non sarebbe una soluzione?*
- ● *No, ancora più presto?!*
- ■ *E be', ma non arriveresti sempre in ritardo.*
- ● *Macché non arriverei in ritardo!*

E adesso tocca a voi!
7

Un altro modo di svolgere l'attività è il seguente. Distribuite alla classe le fotocopie dell'esercizio che segue qui a pagina 110. Gli studenti dovranno completare le frasi e poi confrontare a coppie o a piccoli gruppi motivando quindi le proprie scelte e discutendo quelle degli altri.

a. Se fossi il sindaco del mio comune, ______________________________

____

b. Se a una lotteria vincessi un cavallo, ______________________________

____

c. Se a una cena piuttosto formale mi offrissero qualcosa che generalmente non mangio, ______________________________

d. Se a una festa qualcuno fosse vestito come me, ____________________

____

e. Se avessi un miliardo a disposizione, ______________________________

____

f. Se un amico mi telefonasse alle tre di notte per raccontarmi i suoi problemi, ______________________________

g. Se mi offrissero di partecipare a una missione spaziale su Marte,

____

h. Se per strada trovassi un portafogli con molto denaro e senza alcuna informazione sul proprietario, ______________________________

____

i. Se al momento di pagare il conto in un ristorante mi accorgessi di aver dimenticato i soldi a casa, ______________________________

____

Dettato

Situazione: Stefano e Gabriella continuano a discutere.
Principali intenzioni comunicative: Fare un'ipotesi al fine di dimostrare la bontà dei propri argomenti. Contestare le argomentazioni dell'altro. Imputare all'altro un difetto mostrandosene meravigliato.
Principali elementi morfosintattici: Il periodo ipotetico della possibilità. Uso di *quanto* in un'esclamazione.
Procedimento: Secondo la tecnica indicata al punto 10 della lezione 1.

Soluzione:

● *Se l'amministrazione comunale rendesse efficiente il servizio pubblico invece di fare tanta demagogia, i cittadini come me prenderebbero l'autobus anziché la macchina.*
■ *E invece scusa tanto, ma io sono dell'idea che il comune siamo anche noi e se noi invece ci impegnassimo ...*
● *No, noi siamo solo poveri cittadini che eleggiamo il comune. Eleggiamo e paghiamo.*
■ *Sì, ma se questi poveri cittadini decidessero un giorno di prendere l'autobus ...*
● *Sì, poveretti, starebbero aggrappati sopra l'autobus.*
■ *No, no. Il comune si impegnerebbe certo a migliorare il servizio.*
● *Macché si impegnerebbe! Quanto sei ingenua!*

Nella prima battuta Stefano usa il verbo *rendere*. Segnalatene l'uso ai vostri studenti ricordando che si ricorre a tale verbo tutte le volte che si voglia indicare una trasformazione che porti un oggetto o una situazione ad acquisire le caratteristiche dell'aggettivo che il verbo *rendere* precede. Così si potrà dire *rendere brutto* nel significato di *imbruttire* e *rendere allegro* nel significato di *rallegrare*. Il verbo *rendere* diviene insostituibile nel momento in cui (è il caso dell'espressione usata da Stefano) manchi un verbo che esprima da solo lo stesso concetto espresso dalla locuzione.

9 Esercizio

Fate osservare ai vostri studenti la prima illustrazione e poiché sarà poco probabile che conoscano il nome italiano dell'animale raffigurato, ditegli voi che si tratta di una foca. Avvertiteli anche che il primo disegno si riferisce al primo dialogo. Fate svolgere poi l'esercizio.

Soluzione:
a. *lasciassi – somiglierei – saresti*
b. *vestissi – farei – sembreresti*
c. *mettessi – sembrerei – avresti*
d. *lasciassi – sembrerei – avresti*
e. *mettessi – camminerei – sembreresti*

10 Esercizio

Soluzione:
a. *goloso* **b.** *avaro* **c.** *pignolo* **d.** *testardo* **e.** *vanitoso* **f.** *pauroso*

11 Esercizio

Per quanto riguarda lo svolgimento di questo esercizio si veda quanto è stato detto al punto 14 della lezione 4.

12 Esercizio

Soluzione:
a. *scusa tanto, ma* **b.** *Macché* **c.** *tu certo parli bene* **d.** *quanto sei*

13 E adesso tocca voi!

Per lo svolgimento di questa attività vedi quanto detto al punto 12 della lezione 3.

Lettura

14

Principali elementi morfosintattici: Uso del congiuntivo in una proposizione relativa dipendente da un superlativo relativo.
Procedimento: Come spiegato al punto 3 di ***Ricominciamo***. Darete 3 minuti per la prima lettura.

L'articolo, benché breve, può presentare alcune difficoltà a causa del probabile discreto numero di parole delle quali forse la maggior parte della classe non è a conoscenza. Prima di iniziare, dite allora agli studenti di osservare la fotografia. Chiedete loro da cosa vuole proteggersi con quella mascherina la vigilessa e se il rimedio sembra loro efficace. Chiedete ancora quali soluzioni loro adotterebbero a breve e a lungo termine per limitare i danni provocati dal traffico. Cercate tuttavia di non avviare una discussione (prevista del resto al punto 9), ma solo di ottenere parte del lessico utile a capire meglio l'articolo.

L'esercizio di comprensione che nel manuale segue di solito la lettura è stato spostato qui invece al punto 16, ossia dopo l'esercizio di decodifica; questo perché una comprensione meno approssimativa è possibile solo quando si sia capito il significato delle parole e delle espressioni evidenziate nell'esercizio al punto 15.

Esercizio

15

Soluzione:

a. a.3 b.5 c.2 d.1 e.4
b. a.3 b.4 c.1 d.2
c. a.4 b.1 c.2 d.3

Esercizio

16

Soluzione:
a. *La giunta ha deciso di bloccare il traffico privato due giorni alla settimana.*
b. *Per i ripetuti allarmi inquinamento.*
c. *Per i tre mesi invernali di dicembre, gennaio e febbraio.*

17 Esercizio

Soluzione:
b. ... *abbia mai visto.* **c.** ... *abbia mai viaggiato.* **d.** ... *sia mai andato.* **e.** ... *abbia mai litigato.* **f.** ... *mi sia mai trovato.* **g.** ... *mi sia mai rivolto.* **h.** ... *abbia mai lavorato.*

18 Esercizio

Soluzione:
a. *aver parlato* **b.** *aver cominciato* **c.** *aver portato* **d.** *essersi rivolta* **e.** *aver bevuto* **f.** *essere rimasto*

19 E adesso tocca a voi!

Al punto **A** potete sostituire la dizione con le seguenti domande: Quali dei provvedimenti elencati giudicate validi? Quali inutili? Perché?

20 Test

I.
a. *ti alzassi* **b.** *comprerei* **c.** *ci fossero* **d.** *userebbe* **e.** *abitassimo* **f.** *trovereste*

II.
a. *È il vino più buono / È il miglior vino che abbia mai bevuto.*
b. *È la città più bella in cui siamo mai stati.*
c. *È la ragazza più simpatica che abbia mai conosciuto.*
d. *È il ristorante più elegante in cui abbiamo mai mangiato.*
e. *È la persona più disordinata con cui abbia mai lavorato.*

III.
a. *Dopo aver lavorato un anno in un ufficio mi sono iscritto all'università.*
b. *Dopo aver comprato un appartamento ci siamo sposati.*
c. *Dopo aver guardato un film alla TV sono andato a letto.*
d. *Dopo aver parlato con Giulio ho parlato con te.*
e. *Dopo aver telefonato a Carlo sono uscito/-a.*
f. *Dopo essere passato/-a in banca sono partito/-a.*

LEZIONE 9

Ancora segui le diete?

Lingua orale

Situazione: Caterina propone a Marcello di andare insieme a cena.

Principali intenzioni comunicative: Motivare attraverso un'esagerazione le proprie decisioni. Promettere. Annunciare la propria decisione. Irridere il comportamento dell'altro. Rimproverare. Minacciare.

Elementi morfosintattici: Il futuro anteriore. Uso dell'avverbio *mica*. Uso del condizionale passato per esprimere l'idea di un futuro nel passato.

Lingua scritta

Tipo di testi: Un oroscopo tratto da *Sale e pepe*. Due articoli tratti da *Starbene*.

Elementi morfosintattici: I verbi *avere bisogno* e *occorrere*. La proposizione comparativa con *tanto quanto*. Il futuro di prescrizione.

Lettura 1

Principali elementi morfosintattici: I verbi *avere bisogno* e *occorrere*.

Procedimento: Iniziate l'attività leggendo il titolo e guardando i disegni. Poi ogni studente leggerà il profilo relativo al proprio segno zodiacale. Con ogni probabilità gli studenti avranno delle difficoltà di comprensione, dato che testi di questo tipo affidano le informazioni a brevi periodi spesso iperbolici. Sarà necessario perciò o che vi concediate brevemente a ogni studente rispondendo alle domande di ognuno o che consentiate alla classe di consultare il vocabolario. Soltanto una comprensione totale del breve testo consentirà a ogni studente di dire, nella successiva attività di confronto (in coppie o in minigruppi), se e quanto si riconosce nella descrizione.
Dite adesso agli studenti di pensare a un parente o a un conoscente, di leggere il suo segno zodiacale e, ultimata la lettura, di riferire (sempre in

coppie o in minigruppi) se e quanto lo riconoscono nella descrizione. A questo punto gli studenti avranno già ascoltato quali sono le caratteristiche di alcuni dei segni zodiacali, anche se ancora non hanno letto le descrizioni relative a tutti i segni zodiacali.

Formate poi delle nuove coppie. A ciascuna coppia darete il compito di leggere i due segni zodiacali relativi a uno degli abbinamenti del punto **b.** a p. 117. Darete 3–4 minuti di tempo per la lettura. Poi, in coppia, gli studenti dovranno decidere se i due segni zodiacali potrebbero andare d'accordo in cucina o no. Infine gli studenti riferiranno in plenum e motiveranno la loro opinione. Ancora in plenum (o in gruppi di 4–5 persone, se la classe fosse numerosa) si parlerà poi di quanto al punto **c.**

Non è necessario che tutti gli studenti leggano tutti i profili relativi ai segni zodiacali (cosa che del resto non si fa in realtà quando si legge l'oroscopo). L'attività infatti mira più che altro ad avviare una discussione sulle abitudini alimentari.

2 Esercizio

Soluzione:

a. *All'Ariete occorrono cibi sostanziosi.*
b. *I Gemelli non hanno bisogno di molto per essere contenti a tavola.*
c. *Al Leone occorrono sempre prodotti di prima qualità.*
d. *Il Capricorno ha sempre bisogno del ricettario.*
e. *All'Acquario per cucinare occorre l'ispirazione del momento.*
f. *I Pesci hanno bisogno di pochi ingredienti per cucinare menù eccezionali.*

3 Questionario

Trascrizione del dialogo
Durata del brano: 2'39"

■ *Ciao, Marcello.*
● *Ciao, Caterina. Come va?*
■ *Lavora, lavora. Bravo.*
● *Eh, lavoro sì, lavoro sì, perché poi andrò in ferie e mi riposerò.*
■ *Ah, ti riposerai. E invece io ti propongo un riposino godereccio, per questa sera.*

● *Oddio! E cioè?*
■ *E cioè … Senti, Marina e il marito mi hanno consigliato …*
● *Marina chi, scusa?*
■ *Marina. Marina dell'ufficio. La bionda.*
● *Ah, sì, la bionda, ho capito.*
■ *Sì, sono andati in un ristorantino eccezionale.*
● *Dove?*
■ *Qui vicino, si chiama «da Gustavo», qui in zona.*
● *Ho capito.*
■ *Cioè adesso non so precisamente dove sia, però lo cerchiamo, insomma.*
● *Mmmm …*
■ *Eh, volevamo uscire noi una volta, no?*
● *Mmmm … Dio!*
■ *Che problemi hai, scusa?*
● *Eh… guarda qui che bella pancetta che ho?*
■ *Beh...*
● *Sembro un prete di campagna, proprio.*
■ *Eh, dai, non esagerare.*
● *Eh, no no, guarda, io ti ringrazio, ma questa cosa la possiamo fare un giorno, quando …*
■ *Ma quando?*
● *Eh, quando l'estate sarà finita, ma adesso ho deciso proprio di osservare una dieta rigorosa perché ho visto qui …*
■ *Fai una dieta?*
● *Sì, ho visto qui in ufficio tutti belli, tutti sani, tutti in forma, chi fa ginnastica, chi fa yoga e io sono l'unico qui che veramente insomma a 40 anni mi ritrovo con questo po' po' di circonferenza qui.*
■ *Eh, be', va be', proprio per questo, dai, Marcello, a 40 anni, ancora segui le diete, ma mica sei un ragazzino!*
● *Eh, lo so, sto seguendo una dieta che m'ha dato un'amica ungherese, consiste nel prendere tre volte il miele un'ora prima dei pasti e poi seguire anche, insomma …*
■ *Cavolfiore tutto il giorno.*
● *Sì, sì … Per esempio questa sera ho un'insalatina con un cucchiaio d'olio e poi 60 grammi di prosciutto.*
■ *Invece da Gustavo c'è il pesce.*
● *Oddio!*
■ *Con un fritto eccezionale. Siccome io ti conosco …*
● *Eh, lo so.*
■ *Poi c'è … ci sono delle insalate, tante cosine, un dessert favoloso.*
● *Spaghetti con le vongole.*

■ *Eccome no! Il risotto ...*
● *Senti io quando sto lì poi non mi so ...*
■ *Frutti di mare e dai! Il pesce poi non è molto calorico!*
● *Il problema è questo: quando io sto lì non mi so fermare. Davanti al cibo io non posso resistere.*
■ *Ti fermo io.*
● *Ehhh ... Cioè neanche quattro carabinieri potrebbero fermarmi.*
■ *Senti Marcello, avevi promesso tu ...*
● *Poi c'è il dolce, il tirami su, eccetera eccetera.*
■ *Ma avevi promesso tu che saremmo usciti. Adesso ti faccio io la proposta. Guarda che non te la faccio più eh?*
● *Guarda, uccidimi, ma non posso.*
■ *Ma sei un vanitoso. Eh scusa!*
● *Dimmi quello che vuoi, non posso.*

Procedimento: Come indicato a pagina 12 di questa guida.

Soluzione:
a. *Il ristorante è vicino all'ufficio.*
b. *Caterina non sa di preciso dove sia il ristorante.*
c. *Marcello sta facendo una dieta per motivi estetici.*
d. *Un'insalata con un cucchiaio d'olio e 60 gr. di prosciutto.*
e. *Il pesce.*

4 Dialogo

Situazione: Marcello rifiuta l'invito a cena di Caterina.
Principali intenzioni comunicative: Rifiutare un invito. Motivare attraverso un'esagerazione le proprie decisioni. Promettere.
Principali elementi morfosintattici: Il futuro anteriore.
Procedimento: Secondo la tecnica indicata al punto 2 della lezione 1. Per un diverso approccio vedi il procedimento illustrato in appendice a pagina 202.

Esercizio

5

Diamo a titolo di esempio il dialogo relativo alla sequenza **a.**

- ● *In vacanza da solo ci andrai un'altra volta.*
- ■ *Ma quando?*
- ● *Quando avrai compiuto 18 anni*

Per le altre sequenze diamo solo le forme da variare.

b. *la faremo – avremo rinnovato*
c. *ci andremo – se ne sarà andata*
d. *ci andremo – avrò dato*
e. *potrai invitarli – avremo sistemato*
f. *la compreremo – avremo messo*

Dialogo

6

Situazione: Marcello annuncia e motiva la sua decisione di essersi messo a dieta.
Principali intenzioni comunicative: Annunciare la propria decisione. Irridere il comportamento dell'altro.
Principali elementi morfosintattici: Uso di *mica*.
Procedimento: Secondo la tecnica indicata al punto 2 della lezione 1.

Mica, sostantivo femminile di uso oggi poco frequente e indicante una briciola di pane, si è generalizzato nell'uso diventando, da rafforzativo di negazione (*non mangio mica* per *non mangio affatto*), negazione esso stesso con forte valenza enfatica. Cfr. la analoga evoluzione di *pas* (passo) in francese da *Je ne bouge pas* (Non muovo passo) e quella del toscano *punto* da *non parlo punto* per *non parlo affatto*.

Esercizio

7

Soluzione:
a. *cieco* **b.** *incostante* **c.** *sordi* **d.** *permaloso* **e.** *geloso*

8 E adesso tocca a voi!

Per lo svolgimento di questa attività vedi quanto detto al punto 2 di *Ricominciamo*.

9 Lettura

Non trattandosi di un testo narrativo, il compito dello studente consisterà nel leggere il brano e nello svolgere l'esercizio successivo. Infine confronterà le sue risposte con un collega di corso.

Soluzione:

Gli errori che il testo dice di evitare sono:
mangiare in piedi
abbondare nelle porzioni
masticare poco
avere sensi di colpa quando si mangia troppo
discutere mentre si mangia

10 E adesso tocca a voi!

Per lo svolgimento di questa attività vedi quanto detto al punto 2 di ***Ricominciamo***.

11 Dettato

Situazione: Caterina cerca inutilmente di convincere Marcello a venire al ristorante con lei.
Principali intenzioni comunicative: Giustificarsi. Rimproverare. Minacciare.
Principali elementi morfosintattici: Uso del condizionale passato per esprimere l'idea di un futuro nel passato.
Procedimento: Secondo la tecnica indicata al punto 10 della lezione 1.

Soluzione:
- *Il problema è questo: quando io sto lì non mi so fermare. Davanti al cibo io non posso resistere.*

■ *Ti fermo io!*
● *Cioè, neanche quattro carabinieri potrebbero fermarmi. Poi c'è il dolce, il tiramisù, eccetera, eccetera.*
■ *Senti Marcello, ma avevi promesso tu che saremmo usciti. Adesso ti faccio io la proposta. Guarda che non te la faccio più eh?*
● *Guarda, uccidimi, ma non posso.*
■ *Sei un vanitoso. Eh, scusa!*
● *Dimmi quello che vuoi, non posso.*

L'uso del condizionale passato per esprimere l'idea di un futuro nel passato è una delle specificità (e delle difficoltà) dell'italiano; è bene quindi che, per fissare la forma, ricorriate anche agli esercizi presenti nel libro degli esercizi.

Potete a questo punto fare un piccolo stacco dicendo agli studenti di leggere le informazioni che accompagnano l'illustrazione di pagina 122 e chiedendo poi a quelli che abbiano iniziato una dieta se sono riusciti a portarla a termine o se si sono arresi prima del termine previsto.

Esercizio (12)

Soluzione:
Nel trasformare le frasi si avranno le seguenti variazioni:
Avevi promesso che …
a. *avremmo fatto*
b. *avresti smesso*
c. *lo avremmo passato*
d. *avresti portato*
e. *saremmo tornati / -e*
f. *avremmo cambiato*
g. *avresti studiato*
h. *saresti venuto / -a*
i. *saresti arrivato / -a*
j. *mi avresti tenuto tu*

E adesso tocca a voi! (13)

Per lo svolgimento di questa attività vedi quanto detto al punto 12 della lezione 3.

14 Lettura

Principali elementi morfosintattici: La proposizione comparativa con *tanto quanto*. Il futuro di prescrizione. Alcuni usi del congiuntivo.
Procedimento: Come spiegato al punto 3 di ***Ricominciamo***. Darete 5 minuti per la prima lettura.

Nel testo compaiono tre congiuntivi: *stia ingrassando* (prima colonna, settima riga) introdotto dall'espressione *Non c'è da meravigliarsi che, invitino* (prima colonna, penultima riga) introdotto da *per il timore che*, e *distolga* (quarta colonna, ottava riga) introdotto da *capita che*. Dite ai vostri studenti di cercarli insieme alle forme che li introducono, quindi chiedete loro di fornirvi la regola sul loro uso. Impareranno così che il congiuntivo segue i verbi che esprimono necessità (non c'è da = non è necessario che), timore ed espressioni quali *capita, succede, avviene*. Fate quindi svolgere l'esercizio 11 a pagina 88 del libro degli esercizi.

Nel testo compaiono anche la congiunzione *infatti* (nella frase *Capita infatti ...*, citata più sopra) e la locuzione congiuntiva *in effetti* (immediatamente dopo il primo dei tre congiuntivi citati). Le due forme sono quasi sinonime. La differenza – sottilissima – appare in una sfumatura che potremmo definire psicologica. Con *infatti* ci si limita a confermare quanto già detto; con *in effetti* alla conferma si aggiunge quasi una piccola concessione a un interlocutore reale o ipotetico. La differenza si vedrà meglio nei due seguenti esempi.
Mario sosteneva che lui non ne sapeva niente e infatti nessuno l'aveva informato.
Mario sosteneva che il film era noioso, e in effetti mancava un po' di ritmo.

L'uso del futuro che compare in questa lettura potrebbe essere definito «di prescrizione» indicando appunto un comportamento a cui attenersi.

Soluzione:
a. *Problemi di linea e una forte perdita di tono.*
b. *Per timore che lo invitassero a cena o al cinema.*
c. *Bisognerebbe andare a fare una passeggiata in un parco.*
d. *Bisognerebbe cercare di impostare un pranzo a base verdure.*

In molte grammatiche parlando della proposizione comparativa di uguaglianza si dice che essa viene introdotta dalle locuzioni congiuntive *così come* e *tanto quanto*; si precisa poi che sia *così* sia *tanto* possono essere omessi, e si conclude presentando le congiunzioni *come* e *quanto* come analoghe. In realtà una differenza fra le due forme esiste, indicando la prima congiunzione il modo di un'azione e la seconda invece la quantità del risultato dell'azione considerata.

Si confrontino le due frasi:

Mi sono comportato con lui (così) come mi comporto con tutti.

Se faccio la spesa alla Upim spendo esattamente (tanto) quanto spendo alla Standa.

Sostituire (*così*) *come* a (*tanto*) *quanto* nella seconda frase risulta forse grammaticalmente accettabile, ma comporta un cambiamento di significato, dal momento che – una volta che sia stata effettuata la sostituzione – viene piuttosto indicato il modo (il tipo di merci acquistate) nel quale viene speso il denaro e non la quantità dello stesso.
La sostituzione risulta poi del tutto impossibile nella prima frase, non potendosi valutare un comportamento secondo il criterio della quantità.

Esercizio 15

Diamo a titolo di esempio soltanto la frase relativa alla sequenza **a.**
La musica sinfonica non mi entusiasma tanto quanto la lirica.

Esercizio 16

Soluzione:
salterà – farà – si limiterà – farà – si accontenterà

E adesso tocca a voi! 17

Se pensate che i vostri studenti abbiano bisogno di un ulteriore stimolo per parlare delle loro abitudini alimentari, potete proporre loro il seguente questionario al quale come sempre seguirà un confronto e uno scambio di opinioni.

È vero?

	sì	**no**
• A colazione di solito bevo il caffè	☐	☐
• La mattina faccio una colazione abbondante.	☐	☐
• Durante il lavoro di solito faccio uno spuntino.	☐	☐
• Spesso mi capita di saltare il pranzo.	☐	☐
• A cena preferisco mangiare qualcosa di caldo.	☐	☐
• Mangio la frutta ogni giorno.	☐	☐
• Cerco di alimentarmi con prodotti macrobiotici.	☐	☐
• Durante i pasti bevo volentieri un bicchiere di vino.	☐	☐
• Dopo un pasto abbondante sento il bisogno di bere qualcosa di alcoolico.	☐	☐
• C'è un cibo o una bevanda a cui non saprei rinunciare.	☐	☐
• C'è un cibo o una bevanda a cui devo rinunciare perché mi fa male.	☐	☐
• Penso che potrei migliorare le mie abitudini alimentari.	☐	☐

Dato che la lezione finisce con un testo scritto e che anche la successiva inizia con una lettura, potete far ascoltare ai vostri studenti la canzone *Rosalina* di Fabio Concato il cui testo è riportato nell'appendice a pagina 212.

Test

18

I.

a. *avrebbe smesso*
b. *avrai finito*
c. *sarebbero arrivati / -e*
d. *sarà andata*
e. *avremo superato*
f. *avreste studiato*

II.

a. *di* **b.** *di* **c.** *ai* **d.** *per – alla* **e.** *a* **f.** *di – a* **g.** *a – di – su*

LEZIONE 10

L'importante è che si sposi!

Lingua orale

Situazione: La signora Miglio si confida con il parrucchiere.

Principali intenzioni comunicative: Richiamare un argomento conosciuto da entrambi gli interlocutori. Scongiurare enfaticamente un argomento sgradevole. Chiedere e fornire informazioni.

Elementi morfosintattici: Uso del congiuntivo. Il condizionale passato usato per rammaricarsi. Il futuro usato per presentare una soluzione.

Secondo ascolto: Un'intervista alla scrittrice Dacia Maraini.

Lingua scritta

Tipo di testi: Un articolo tratto dal settimanale *Anna*. Una brano estratto da *Va' dove ti porta il cuore* di Susanna Tamaro.

Elementi morfosintattici: Il passivo con *andare*. Il passato remoto. Il gerundio passato.

Elementi di civiltà: Quanto costa sposarsi. Come sono cambiati gli italiani.

1 Lettura

Principali elementi morfosintattici: Il passivo con *andare*.

Prima di iniziare l'attività lasciate immaginare agli studenti i prezzi delle voci elencate nella pagina seguente, date quindi inizio alla lettura senza socializzazione per la quale stabilirete 3 minuti.
Alla fine gli studenti verificheranno quanto i prezzi da loro immaginati si avvicinano a quelli riportati nell'articolo.

Per lei	**minimo**	**massimo**
abito	________	________
acconciatura	________	________
parrucchiere	________	________
scarpe	________	________
guanti	________	________
Per lui		
abito	________	________
camicia	________	________
scarpe	________	________
cravatta	________	________
La festa		
200 partecipazioni	________	________
150 bomboniere	________	________
fiori per la chiesa	________	________
bouquet	________	________
chiesa	________	________
foto	________	________
videocassetta	________	________
auto o carrozza	________	________
ricevimento	________	________
musica	________	________

② Esercizio

Soluzione:

a. *vanno richiesti / devono essere richiesti*
b. *vanno spedite / devono essere spedite*
c. *va prenotata / deve essere prenotata*
d. *vanno presentati / devono essere presentati*

③ E adesso tocca a voi!

Per lo svolgimento di questa attività vedi quanto detto al punto 2 di ***Ricominciamo***.

④ Questionario

Trascrizione del dialogo
Durata del brano: 3'10"

● *Allora signora, come li facciamo i capelli questa volta.*
■ *Eh Roby senta, mi dia un consiglio.*
● *Sì.*
■ *Taglierebbe i capelli Lei? Guardi un po'.*
● *Sì, li tagliamo di tre, quattro centimetri. Poi li gonfiamo un pochino magari, eh? Facciamo una bella testa armoniosa.*
■ *Sì, e una tinta? Che ne dice? Diamo una schiarita?*
● *Ma sì. Che colore facciamo?*
■ *Mah, un pochino … non so, delle mèches forse?*
● *Sì, delle mèches perché no.*
■ *Un castano chiaro.*
● *La facciamo ringiovanire di trent'anni. Somiglierà a Sua figlia signora. A proposito, come sta?*
■ *Oh per carità Roby. Non mi parli.*
● *Che è successo?*
■ *È una cosa guardi.*
● *Ma si sposa, no? M'ha detto l'altra volta che si sposa.*
■ *Sì, sì. Si sposa, si sposa.*
● *Be', benissimo. Non è contenta?*
■ *No. Ci sono delle novità, ci sono delle novità.*

● *E quali?*
■ *Eh … si vuole sposare solo in comune.*
● *E be' che male c'è?*
■ *Ma senta, Roby, per me il matrimonio è solo un matrimonio in chiesa.*
● *Ma l'importante è che si sposi, no?*
■ *Il matrimonio è solo un matrimonio religioso con l'abito bianco, lungo. E cioè su queste cose sono un po' tradizionalista e poi …*
● *Ma un momentino, l'altra volta io L'ho vista e Lei m'ha detto che Sua figlia voleva sposarsi e m'ha detto che si sarebbe sposata in chiesa.*
■ *Sì, sì. Noi pensavamo addirittura di fare una cerimonia in Santa Maria Maggiore.*
● *Bellissimo.*
■ *Chiaro, chiaro. Secondo me è la chiesa più bella della città, ma adesso così ha deciso, forse influenzata da lui, che vuole un matrimonio solo civile. Guardi, io Le confesso sono veramente, come dire, amareggiata.*
● *Be' ma anche il matrimonio in comune … Beh, amareggiata! Che parola!*
■ *No, no guardi veramente per me non è un matrimonio, cosa vuole che Le dica. Per me non lo so … e il rinfresco, il rinfresco hanno deciso che fanno … non si può nemmeno chiamare rinfresco: tutti in piedi, i parenti più stretti, basta.*
● *Be' ma può essere una cosa moderna, carina.*
■ *Per me, ripeto, è una delusione enorme, cioè io speravo una cosa, così, tradizionale. Questo … non è un rinfresco. Un pasto volevo, un vero pasto …*
● *Be', ma signora …*
■ *È un'occasione unica nella vita. Se non si fa festa al matrimonio dell'unica figlia, quando si fa, guardi.*
● *Be' ma sa Sua figlia è giovane, forse queste cerimonie la chiesa, la … Lei m'ha parlato addirittura che voleva affittare una villa per la cerimonia.*
■ *Sì, una villa storica sul Brenta.*
● *Eh, ma son cose forse un po' del passato. Insomma l'importante è che si sposi, che sia felice.*
■ *Ma guardi io penso quella ragazza mi ha dato sempre preoccupazioni da quando, guardi da quando ha 15 anni. Io non lo so. Probabilmente ho sbagliato … non lo so dove ho sbagliato.*
● *Ma perché è una ragazza con temperamento.*
■ *Non lo so, io ammetto, forse sono un po' troppo tradizionalista su certe cose, capisce? ma… insomma …*
● *Comunque signora, guardi, Le posso dire, non volevo dirglielo, quella ragazza Le vuole molto bene. Tutte le volte che viene qui a tagliarsi i capelli mi parla sempre bene di Lei.*
■ *Veramente?*

- *Comunque guardi signora, adesso ripensandoci, è anche un risparmio sa? Perché Lei pensi: la chiesa … la cerimonia, questo quanto Le sarebbe costato?*
- *Certo, certo, certo, però guardi sono dei soldi che avrei speso molto volentieri, mi creda.*
- *E va be' li spenderà con i nipotini.*
- *Allora signora si accomodi, adesso Le faccio lo shampoo.*
- *Roby, Lei è proprio sempre carino. Grazie.*

Procedimento: Come indicato a pagina 12 di questa guida.

Soluzione:
a. *La signora vuole che il parrucchiere le tagli i capelli e le faccia delle mèches.*
b. *La figlia della signora Miglio non vuole sposarsi in chiesa.*
c. *La signora Miglio voleva affittare una villa.*
d. *La figlia vuole fare un rinfresco in piedi.*
e. *Il parrucchiere condivide la scelta della figlia.*

5 Dialogo

Situazione: Il parrucchiere chiede alla signora Miglio notizie su sua figlia.
Principali intenzioni comunicative: Chiedere notizie di qualcuno. Scongiurare enfaticamente un argomento.
Principali elementi morfosintattici: Uso del congiuntivo.
Procedimento: Secondo la tecnica indicata al punto 2 della lezione 1. Potete anche ricostruire il dialogo con la classe seguendo il procedimento descritto in appendice.

6 Esercizio

Soluzione:
a. *si laurei* **b.** *arrivi* **c.** *ti accompagni* **d.** *sia* **e.** *lo possa*

Dettato (7)

Principali intenzioni comunicative: Invitare alla riflessione. Convenire. Rammaricarsi. Consolare.
Principali elementi morfosintattici: Il condizionale passato usato per rammaricarsi. Il futuro usato per presentare una soluzione.
Procedimento: Secondo la tecnica indicata al punto 10 della lezione 1.

Soluzione:

● *Comunque signora, guardi, io non volevo dirglielo, ma quella ragazza Le vuole molto bene. Tutte le volte che viene qui a tagliarsi i capelli mi parla sempre bene di Lei.*
■ *Veramente?*
● *Comunque guardi signora, adesso ripensandoci, è anche un risparmio sa? Perché Lei pensi: la cerimonia quanto le sarebbe costata?*
■ *Certo, certo, però, guardi, sono dei soldi che avrei speso molto volentieri, mi creda.*
● *E va be', li spenderà con i nipotini.*

Esercizio (8)

Diamo a titolo d'esempio soltanto il dialogo relativo alla sequenza **a.**
■ *È un film che avrei visto molto volentieri.*
● *E va be', lo vedremo domani sera.*

E adesso tocca a voi! (9)

Per lo svolgimento di questa attività vedi quanto detto al punto 2 di ***Ricominciamo***.

Esercizio (10)

Per quanto riguarda lo svolgimento di quest'esercizio si veda quanto è stato detto al punto 14 della lezione 4.

(11) Esercizio

Soluzione:
a. *Ripensandoci* **b.** *A proposito* **c.** *E va be'* **d.** *Per carità* **e.** *è una cosa*

(12) E adesso tocca a voi!

Per lo svolgimento di questa attività vedi quanto detto al punto 12 della lezione 3.

(13) Lettura

Principali elementi morfosintattici: Il passato remoto. Il gerundio passato.
Procedimento: Come spiegato al punto 3 di ***Ricominciamo***. Darete 5 minuti per la prima lettura.

Va dove ti porta il cuore è uno dei successi editoriali più strepitosi degli ultimi anni. Nonostante l'accoglienza avuta fra i lettori, il libro è stato stroncato dalla critica letteraria. Più che di un romanzo si tratta di qualcosa a metà fra un diario e una lunga lettera che una nonna, dopo essersi riavuta da un ictus, scrive alla nipote, fuggita lontano da lei. La nonna sa di avere poco tempo da vivere e vuole lasciare un ricordo di sé alla nipote raccontandole di quando era giovane, del suo matrimonio, del rapporto con il marito, di un adulterio da cui è nata la figlia e del rapporto difficile che ha avuto con quest'ultima.
Susanna Tamaro prima del '94 ha pubblicato *La testa tra le nuvole* (1989) e *Per voce sola* (1991).

Il passato remoto, ancora piuttosto vivo nell'uso quotidiano nell'Italia del sud e in buona parte del centro, compare invece assai più raramente nella lingua parlata delle regioni settentrionali. Il tempo, usato in ogni caso molto più dalle vecchie generazioni che non dalle nuove, resta nondimeno la forma di perfetto più frequente nella letteratura. È in quest'uso che ci è parso allora utile presentarlo a chi voglia imparare l'italiano, insegnando agli studenti a riconoscerlo e non necessariamente ad usarlo, essendo del resto il tempo sempre sostituibile dal passato prossimo (o dal presente storico) e non pregiudicando l'assenza di dominio della forma una buona conoscenza della lingua italiana.

Dopo aver presentato il libro e l'autrice, avvertirete gli studenti che nella pagina di romanzo che si accingono a leggere, al posto del passato prossimo, è presente il passato remoto, un tempo molto usato nell'italiano scritto ma un po' meno in quello parlato. Direte loro che anche se non conoscono la forma saranno comunque senz'altro in grado di riconoscerne gli usi presenti nel brano e i verbi ai quali tali usi appartengono. Insomma il passato remoto non presenterà loro nessuna difficoltà.
A questo punto darete inizio all'attività.

a. *A Olga non piaceva l'appartamento della famiglia di Augusto.*
b. *Augusto si era accorto che per la moglie era difficile vivere a L'Aquila.*
c. *Ad Augusto piaceva camminare in montagna.*
d. *A L'Aquila Olga non era molto occupata.*
e. *Olga non era sicura di amare il marito.*

Esercizio (14)

Soluzione:
andammo – andare
mi sentii – sentirsi
mi chiesi – chiedersi
capì – capire
fece – fare
riprese – riprendere
cominciai – cominciare
presi – prendere

Attività supplementare
Per esercitare il passato remoto consigliamo di far svolgere in classe i relativi esercizi posti nel libro degli esercizi, di far scrivere la biografia di un personaggio famoso o di far svolgere il seguente gioco.
Si divide la classe in due o più gruppi e si incarica ogni gruppo di scegliere 3 personaggi famosi e di scrivere 4 frasi su ciascuno di essi. La prima delle frasi deve fornire delle informazioni generali, informazioni che diventano sempre più dettagliate nelle tre frasi successive secondo un criterio di progressione.
L'altro gruppo (o gli altri gruppi se in classe ce ne sono più di due) deve indovinare il personaggio e riceve: 4 punti se indovina già alla prima frase, 3 se indovina alla seconda, 2 alla terza e un punto se riconosce il personaggio alla quarta.
Vince ovviamente il gruppo che totalizza più punti.

15 Esercizio

Soluzione:
Un giorno sì e un giorno no prendevo la macchina e andavamo a fare delle passeggiate sui monti dei dintorni. Avevamo entrambi una grande passione per le escursioni. Vedendo quelle montagne così belle, quei paesi arroccati sui cocuzzoli come nei presepi si era un po' rasserenata, in qualche modo le sembrava di non aver lasciato il Nord, la sua casa. Continuavamo a parlare molto. Io amavo la natura, gli insetti in particolare, e camminando le spiegavo un mucchio di cose. Gran parte del suo sapere sulle scienze naturali lo deve proprio a me.

16 Esercizio

Soluzione:
a. *Non avendo mangiato niente tutto il giorno …*
b. *Essendo stato tutto il giorno a casa …*
c. *Avendo parlato per vent'anni solo tedesco …*
d. *Non essendo riusciti a riparare la macchina …*
e. *Avendo perso l'agenda …*
f. *Avendo parlato con Mario …*
g. *Essendo partiti tardi …*

17 Ascolto

Dacia Maraini (Firenze, 1936) si fece conoscere nel 1963 con *L'età del malessere* per cui ottenne il premio internazionale Formentor. A questo romanzo ne seguirono numerosi altri, e fra gli ultimi ricordiamo *La lunga vita di Marianna Ucria* che ebbe il Premio Campiello nel 1991 ed è stato tradotto in diverse lingue, *Bagheria* (1993) e *Voci* (1994). Dacia Maraini ha pubblicato anche testi teatrali, poesie e saggi. Nel 1980 ha scritto in collaborazione con Piera degli Esposti *Storia di Piera* e nel 1986 ha pubblicato *Il bambino Alberto*, un'intervista con Alberto Moravia.

Trascrizione dell' intervista
Durata del brano 3'05"

G. = giornalista
M. = Dacia Maraini

G. – *Secondo Lei dei pregiudizi che esistono sugli italiani quali confermerebbe?*

M. – *Mah, la mania di grandezza, il fatto di spendere più di quanto si guadagna, questa è una cosa abbastanza italiana, però ogni aspetto negativo ha il suo aspetto positivo, perché questo vuol dire anche molta generosità. Gli italiani sono generosi e sono disposti a darsi, molto. Poi ci sono ... io credo che ... proprio direi che a ogni difetto corrisponde un pregio quindi anche, non so, questo disordine, il caos, la confusione italiana però corrisponde anche a una grande duttilità, a una capacità di adeguarsi a tutte le situazioni, ad una capacità di improvvisazione che è molto forte, quindi ogni difetto ha il suo pregio e ogni pregio ha il suo difetto, così credo che tutti i paesi abbiano dei caratteri che possono essere, entro certi limiti sono ottimi, al di là di certi limiti diventano pessimi.*

G. – *Nei suoi romanzi molti protagonisti sono le donne, le protagoniste sono le donne, i personaggi femminili. Com'è la situazione della donna in Italia?*

M. – *Mah, anche lì abbastanza contraddittoria, ci sono tantissime ... ci sono tanti cambiamenti avvenuti sul piano dei diritti civili, sul piano delle leggi, che sono favorevoli alle donne. Dal punto di vista della mentalità e del costume invece c'è, come ho detto prima, c'è un ritorno indietro, proprio adesso, in questi ultimi anni, un tentativo di riportare le donne a casa, ecco. Però da parte delle donne direi che c'è una fortissima ... sentimento della propria autonomia. È molto sentita questa cosa, infatti crea, suscita delle paure, delle inquietudini.*

G. – *E gli uomini?*

M. – *Mah, gli uomini ... ci sono quelli che si adeguano e che sentono, che accettano questi cambiamenti e sono i migliori, diciamo così, ecco. Ci sono quelli che non li accettano, non accettano la diminuzione del loro potere, dei loro privilegi e reagiscono con la violenza, con la nevrosi o col silenzio, con l'incomunicabilità. Dipende molto dagli uomini, non dipende nemmeno dalle classi, ma dipende proprio dal modo di prendere le cose, dalla capacità di generosità, di sentire i cambiamenti, insomma. C'è chi di fronte ai cambiamenti si chiude a riccio e non ... diventa intollerante e c'è chi di fronte ai cambiamenti si apre e con coraggio affronta anche le sue difficoltà.*

Soluzione:

a. *I pregi sono: la generosità, una grande duttilità, una capacità di adeguarsi a tutte le situazioni e una forte capacità di improvvisazione.*
I difetti sono: la mania di grandezza, il fatto di spendere più di quanto si guadagna e la caoticità.

b. *Sul piano delle leggi sono avvenuti tanti cambiamenti favorevoli alle donne. Dal punto di vista del costume invece c'è un ritorno indietro, un tentativo di riportare le donne a casa,*

c. *Ci sono uomini che si sono adeguati e che hanno accettato questi cambiamenti e ci sono quelli che non hanno accettato la diminuzione del loro potere e dei loro privilegi e reagiscono con la violenza, con la nevrosi, oppure col silenzio, con l'incomunicabilità.*

18 E adesso tocca a voi!

Per lo svolgimento di questa attività vedi quanto detto al punto 2 di ***Ricominciamo***.

19 Test

I.

a. *sappia* **b.** *avrei invitato/-a* **c.** *spenderò* **d.** *voleva*

II.

a. *Non avendo frequentato l'università …*
b. *Avendo già mangiato …*
c. *Essendo stata alla pari in Inghilterra …*
d. *Avendo fatto una dieta …*
e. *Non essendo riusciti a trovare un taxi …*

C'è stato un furto

Lingua orale

Situazione: Il signor Monti domanda al portiere i particolari di un furto che si è svolto qualche tempo fa nel palazzo in cui abita.

Principali intenzioni comunicative: Chiedere informazioni. Riferire. Confermare. Esprimere preoccupazione.

Elementi morfosintattici: Uso di *prima che*. Uso del congiuntivo. La congiunzione temporale *finché non*.

Secondo ascolto: *La ballata del Cerutti* di Giorgio Gaber e Umberto Simonetta.

Lingua scritta

Tipi di testo: Un articolo di cronaca tratto da *Il Resto del Carlino*. Alcune indicazioni su come proteggersi dai furti negli appartamenti. Un articolo di cronaca tratto da *Il Corriere della Sera*.

Elementi morfosintattici: Gli aggettivi in *-bile*. Il prefisso negativo *-in*. Alcune espressioni e congiunzioni che richiedono il congiuntivo. La concordanza dei tempi con il congiuntivo.

Lettura 1

Principali elementi morfosintattici: Gli aggettivi in *-bile*. Il prefisso negativo *-in*. Il verbo *temere* seguito dal congiuntivo.
Procedimento: Come spiegato al punto 3 di ***Ricominciamo***. Darete 5 minuti per la prima lettura.

Soluzione:
sì – no – sì – sì – sì

2 Esercizio

Soluzione:

a. *quattrozampe*
b. *maltolto* e *bottino*
c. *manolesta*
d. *vicenda*
e. *consueto*

3 Esercizio

In tutte le frasi dell'esercizio, tranne nell'ultima, i verbi potrebbero essere coniugati anche al condizionale passato, esprimendo questo tempo, come già visto alla nona lezione, l'idea di futuro nel passato.

Soluzione:

a. *si commuovessero* **b.** *volesse* **c.** *abbandonassero* **d.** *ritrovasse* **e.** *finisse* **f.** *si lasciassero* **g.** *fosse*

4 Esercizio

Soluzione:

Una città in cui non si può vivere.
Un caos che non si può descrivere.
Una casa in cui non si può abitare.
Un'esperienza che non si può dimenticare.
Una firma che non si può leggere.
Una forza a cui non si può resistere.
Una minestra che non si può mangiare.
Una parola che non si può ripetere.
Una persona che non si può presentare.
Una proposta che non si può accettare.

Il prefisso *in-* cambia davanti a *b, p, l, m* e *r*.

E adesso tocca a voi! 5

Per lo svolgimento di questa attività vedi quanto detto al punto 2 di ***Ricominciamo***.

Questionario 6

Trascrizione del dialogo
Durata del brano: 3′50″

● *Buongiorno, dottor Monti.*

■ *Buongiorno, Domenico. Senta, ma ieri ho parlato un attimo col dottor De Angelis, e m'ha detto che alcune settimane fa, qualche giorno prima che io venissi ad abitare qui, mi trasferissi qui, c'è stato un furto al terzo piano.*

● *Sì, sì, sì. C'è stato un furto …*

■ *Eh, ma Lei può dirmi qualcosa di più, perché è una cosa abbastanza preoccupante per me che siano riusciti ad entrare. Come è successo? Di giorno, di notte? Com'era?*

● *Mah era di giorno.*

■ *Sì.*

● *Era di giorno. Io non c'ero.*

■ *Come mai non c'era Lei?*

● *Non c'ero perché era domenica. È il mio giorno libero.*

■ *Ah, ah, certo.*

● *E … niente, era di giorno e probabilmente qualche inquilino avrà lasciato la porta socchiusa o accostata, il portone e quindi questi hanno avuto facile accesso senza dover rompere niente.*

■ *Ma da dove sono passati?*

● *Dal portone principale secondo me. Anche secondo …*

■ *Sì, ma poi come sono entrati nell'appartamento? Hanno forzato la porta dell'appartamento?*

● *No, no. Poi sono andati su … attraverso le scale su in terrazza. Dalla terrazza …*

■ *Quindi hanno forzato la porta del terrazzo.*

● *Hanno forzato lì la porta, sì, per entrare, per accedere al terrazzo e poi da lì si sono calati giù con una fune, perché è stata trovata una fune che dalla terrazza scendeva sul balcone del Graziani, dove è avvenuto appunto il furto.*

■ *Ho capito.*

● *Ecco, da lì poi sono scesi e poi lì hanno rotto un vetro, qualche cosa, hanno aperto, hanno aperto da dentro. Hanno rotto un vetro e hanno aperto la porta finestra*

■ *E però penso ...*
● *e hanno preso tante cose.*
■ *Ah sì?*
● *Dica, dica.*
■ *No, no, che cosa hanno preso?*
● *Eh hanno preso svariate cosette. Che io sappia un paio di quadri di almeno 50 milioni di valore. Così hanno detto gli inquirenti. E poi tutti i gioielli della signora per circa ... un valore di circa 100 milioni.*
■ *Eh speriamo che fossero assicurati perché ...*
● *E poi altre cose diciamo ... soldi, ecco. Hanno trovato liquidi, hanno rubato liquidi per circa otto milioni.*
■ *Senta, ma io penso che bisognerebbe prendere dei provvedimenti però, perché se è stato così facile l'accesso al terrazzo, come è successo una volta, potrebbe accadere una seconda.*
● *Eh, lo so, però gli inquilini devono stare attenti, mica possiamo stare sempre lì col fucile?*
■ *Certo ...*
● *Eh, io ho il mio giorno libero?*
■ *No, no, certo, questo è indubbio.*
● *Quando ci sono io, mi creda, non passa neanche l'aria.*
■ *E certo lo credo. Senza dubbio.*
● *Entra solo gente sicura qui, quando ci sono io, però la domenica abbia pazienza.*
■ *Lo so, però il portone potrebbe essere forzato. Poi, sa, io sono abbastanza preoccupato perché anch'io in casa ho degli oggetti di valore e fra l'altro sono assente quasi tutto il giorno da casa, A volte anche di notte.*
● *Ma, ho sentito ...*
■ *Non vorrei tornare a casa e trovare la stessa situazione che ha trovato il dottor Graziani.*
● *Ho sentito che ci sarà ... ho sentito che ci sarà, che ci sarà un condominio, una riunione tra qualche giorno, anzi dovrebbe arrivare l'avviso domani o dopodomani.*
■ *Per che cosa? Per installare un sistema di sicurezza?*
● *Sì, un condominio per mettere d'accordo tutti gli inquilini per installare un sistema di sicurezza collettivo, ovviamente pagando.*
■ *Eh va be', certo.*
● *Ecco.*
■ *Collegato con la pubblica sicurezza, magari, quindi ...*
● *E però la riunione ancora non si fa e quindi, niente, finché non ci sarà qualcosa di nuovo, staremo tutti più attenti.*

■ *Eh, certo. Io non posso intervenire direttamente perché, sa, io sono inquilino c'è il proprietario ...*
● *C'è il proprietario certo. Tutti i proprietari ...*
■ *Sarebbe il caso di accelerare, magari glielo dico anch'io, gli telefonerò ...*
● *saranno chiamati dal commercialista e poi lui cercherà con tutti un accordo perché un sistema di sicurezza buono qui costa due o tre milioni insomma come minimo.*
■ *E va be', comunque è il caso di farlo. È il caso di installarlo perché la situazione non è piacevole.*
● *Va bene. Speriamo bene.*

Procedimento: Come indicato a pagina 12 di questa guida.

Soluzione:
a. *Al terzo piano*
b. *Domenica*
c. *La descrizione del furto è la numero 3.*
d. *I ladri hanno rubato quadri, soldi e gioielli.*
e. *Si pensa di installare un sistema d'allarme collettivo.*

Dialogo

(7)

Situazione: Il signor Monti chiede conferma al portiere di quanto gli è stato raccontato da un altro inquilino.
Principali intenzioni comunicative: Riferire. Confermare. Esprimere preoccupazione.
Principali elementi morfosintattici: Uso di *prima che*. Uso del congiuntivo.
Procedimento: Secondo la tecnica indicata al punto 2 della lezione 1. Per un diverso approccio vedi il procedimento illustrato in appendice.

8 Esercizio

Diamo il dialogo relativo alla sequenza presentata come esempio.

■ *Buongiorno, Domenico. Senta, ieri ho parlato un attimo col dottor De Angelis e m'ha detto che alcune settimane fa, qualche giorno prima che io ritornassi dalle vacanze, si sono allagate le cantine.*

● *Sì, sì. Si sono allagate le cantine.*

■ *Eh, ma Lei può dirmi qualcosa di più, perché è abbastanza preoccupante per me che sia avvenuta una cosa di questa gravità.*

9 Lettura

Principali elementi morfosintattici: La congiunzione *prima di* seguita dall'infinito presente e passato. Le locuzioni congiuntive *senza che* e *a meno che non* seguite dal congiuntivo. Il verbo *accertarsi* seguito dal congiuntivo.

Procedimento: Come spiegato al punto 3 di ***Ricominciamo***. Darete 4 minuti per la prima lettura.

In questa lettura compaiono due usi della congiunzione temporale *prima*, il primo uso seguito dall'infinito presente (*Prima di uscire*), il secondo dall'infinito passato (*... non aprite mai prima di aver guardato attraverso lo spioncino*). Quest'ultimo uso avviene solo in frase negativa ed ha il significato di *soltanto dopo*. La frase dell'esempio potrebbe infatti essere trasformata, senza cambiamenti di significato, nella seguente: *aprite soltanto dopo aver guardato attraverso lo spioncino*.

10 Esercizio

I congiuntivi sono *possa, siano* (due volte) e *siate*. Il primo dipende dalla locuzione *senza l'angoscia continua che*, i secondi dall'esortazione *accertatevi che* e il terzo dalla congiunzione eccettuativa *a meno che non ...* Per fissare l'uso di quest'ultima forma potete far svolgere l'esercizio 9 a p. 106 del libro degli esercizi.

E adesso tocca a voi! 11

Per lo svolgimento di questa attività vedi quanto detto al punto 2 di ***Ricominciamo.***

Dettato 12

Situazione: Il signor Monti esprime le sue preoccupazioni al portiere.
Principali intenzioni comunicative: Esprimere preoccupazione. Riferire quanto sentito.
Principali elementi morfosintattici: La congiunzione temporale *finché non.*
Procedimento: Secondo la tecnica indicata al punto 10 della lezione 1.

■ *Sa, io sono abbastanza preoccupato perché anch'io in casa ho degli oggetti di valore e fra l'altro sono assente quasi tutto il giorno da casa, a volte anche di notte. Non vorrei tornare a casa e trovare la stessa situazione che ha trovato il dottor Graziani.*
● *Ma ho sentito che ci sarà una riunione di condominio tra qualche giorno, anzi dovrebbe arrivare l'avviso domani o dopodomani.*
■ *Per che cosa? Per installare un sistema di sicurezza?*
● *Sì, una riunione per mettere d'accordo tutti gli inquilini per installare un sistema di sicurezza collettivo, ovviamente pagando.*
■ *Eh va be', certo.*
● *E però la riunione ancora non si fa e quindi, niente, finché non ci sarà qualcosa di nuovo staremo tutti più attenti.*

Per l'uso di *finché non* vedi quanto detto al punto 16 della prima lezione.

Esercizio 13

Per quanto riguarda lo svolgimento di quest'esercizio si veda quanto è stato detto al punto 14 della lezione 4.

14 Esercizio

Soluzione:
a. *anzi* **b.** *fra l'altro* **c.** *non vorrei* **d.** *niente*

15 E adesso tocca a voi!

Per lo svolgimento di questa attività vedi quanto detto al punto 12 della lezione 3, tenendo presente che sul cartoncino con il ruolo **A** dovrete incollare anche i disegni che illustrano lo svolgimento del furto.

16 Lettura

Principali elementi morfosintattici: La congiunzione *come se* seguita dal congiuntivo.

Prima di iniziare l'attività di lettura chiedete agli studenti di descrivervi il disegno, che, se pure non raffigura gli avvenimenti riferiti nell'articolo, può fornire una discreta quantità di vocabolario necessario alla comprensione del brano. Procedete quindi come indicato al punto 3 di ***Ricominciamo*** dando 5 minuti per la prima lettura.

Soluzione:
a. *sì* **b.** *no* **c.** *sì* **d.** *no*

17 Esercizio

Soluzione:
a. *2* **b.** *4* **c.** *1* **d.** *3*

18 Esercizio

Soluzione:
a. *oca* **b.** *volpe* **c.** *asino* **d.** *coniglio* **e.** *rospo* **f.** *orso* **g.** *mulo* **h.** *civetta* **i.** *lumaca* **j.** *vipera* **k.** *pollo* **l.** *pavone*

Si dice ancora che è un cane chi svolge male un lavoro, un toro chi ha molta forza, un'aquila chi capisce le cose al volo, un allocco chi invece non le capisce per niente, uno squalo chi è assolutamente privo di scrupoli morali e infine mandrillo chi (un uomo) ha una vita sessuale molto intensa.

Come alternativa all'esercizio riportato nel libro, potete far compilare ai vostri studenti la schedina qui sotto. Vince chi fa 12.

Gioco : Totobestiario

		1	X	2
1. donna bella e stupida		vipera	oca	civetta
2. persona astuta		volpe	orso	civetta
3. cattivo studente		lumaca	orso	asino
4. persona paurosa		pollo	coniglio	mulo
5. persona molto brutta		pollo	civetta	rospo
6. uomo solitario		orso	rospo	pavone
7. persona testarda		orso	mulo	pollo
8. donna vanitosa		civetta	volpe	lumaca
9. persona lenta		lumaca	vipera	oca
10. persona perfida		volpe	vipera	civetta
11. persona credulona		orso	mulo	pollo
12. uomo vanitoso		asino	pavone	rospo

Esercizio 19

Soluzione:
a. *dovesse* **b.** *uscisse* **c.** *si sentisse* **d.** *sapesse* **e.** *desse* **f.** *andasse*

E adesso tocca a voi! 20

Per lo svolgimento di questa attività vedi quanto detto al punto 2 di ***Ricominciamo***.

21 Esercizio

a. Potete far eseguire quest'attività oralmente o dare ai vostri studenti il compito di scrivere un articolo di cronaca. In quest'ultimo caso potreste dividere la classe in gruppi di circa quattro persone ognuna delle quali è un redattore di un giornale. Ogni redazione presenterà poi alle altre la propria versione.

b. Per lo svolgimento di questa attività procedete, come per il dettato, seguendo le indicazioni presentate al punto 10 della lezione 1.

Giorgio Gaber (nome d'arte di Giorgio Gaberscik, Milano 1939), ha cominciato a cantare negli anni '60 canzoni in parte ispirate alla realtà del sottoproletariato milanese. Negli anni '60 ha partecipato a numerosi spettacoli televisivi. Negli anni successivi in collaborazione con Sandro Luporini ha messo in scena spettacoli teatrali in cui la società dei consumi e la politica italiana vengono osservate con occhio critico e con una buona dose di tagliente umorismo.

Trascrizione del testo
Durata del brano: 3'43"

La ballata del Cerutti.

Il suo nome era Cerutti Gino,
ma lo chiamavan «drago».
Gli amici al bar del Giambellino
dicevan che era un mago.

Vent'anni, biondo, mai una lira,
per non passare guai.
Fiutava intorno che aria tira
e non sgobbava mai.

Una sera in una strada scura,
occhio, c'è una lambretta.
Fingendo di non aver paura
il Cerutti monta in fretta.

Ma che rogna nera quella sera,
qualcuno vede e chiama,
veloce arriva la pantera
e lo beve la «madama».

Ora è triste e un poco manomesso.
Si trova al terzo raggio.
È lì che attende il suo processo
forse vien fuori a maggio.

S'è beccato un bel tre mesi il Gino,
ma il giudice è stato buono.
Gli ha fatto un lungo fervorino.
È uscito col condono.

È tornato al bar Cerutti Gino
e gli amici nel futuro
quando parleran del Gino
diran che è un tipo duro.

Esercizio

22

Soluzione:

a.

occhio – attenzione
rogna – sfortuna
pantera – macchina della polizia
madama – polizia
fervorino – ramanzina

b.

sgobbare – lavorare
fingere – simulare
montare – salire
bere – arrestare
beccarsi – prendersi

Test

23

I.

a. *cominciasse* **b.** *arrivasse* **c.** *si trasferisse* **d.** *c'è stato* **e.** *siano riusciti – c'era* **f.** *sono entrati*

II.

a. *Finché non* **b.** *Quando* **c.** *a meno che* **d.** *Prima di* **e.** *prima che* **f.** *perché*

LEZIONE 12

Ma sei sempre raffreddata?

Lingua orale

Situazione: Oggi Giulia non fa che starnutire. Laura pensa di poterle dare qualche consiglio.

Principali intenzioni comunicative: Raccontare. Esprimere timore. Esprimere insoddisfazione. Cercare di convincere qualcuno.

Elementi morfosintattici: La forma *non vorrei che* + congiuntivo. La forma *capirci*. Uso del congiuntivo in una proposizione relativa limitativa. La proposizione comparativa con *più di quanto / meno di quanto*. La forma ipotetica con il congiuntivo imperfetto del verbo *dovere* seguito dal futuro.

Lingua scritta

Tipo di testi: Un racconto di Dino Buzzati. Un articolo tratto dal settimanale *Starbene*. Un articolo e un test tratti da *Top Salute*.

Elementi morfosintattici: La costruzione enfatica *mai* + il congiuntivo e *mai* + l'infinito.

1 Lettura

Principali elementi morfosintattici: La costruzione enfatica *mai* + il congiuntivo e *mai* + l'infinito.
Procedimento: Come spiegato al punto 3 di ***Ricominciamo***. Darete 3 minuti per la prima lettura.

Dino Buzzati (Belluno 1906 – Milano 1972) è stato giornalista, redattore e inviato del «Corriere della sera» (sulle cui pagine ha scritto anche come critico d'arte), oltre che autore di una vasta produzione narrativa (ricordiamo: *Barnabo delle montagne*, 1933; *Il segreto del bosco vecchio*, 1935; *Il deserto dei tartari*, 1940; *I sette messaggeri*, 1935; *Sessanta racconti*, 1958; *Un amore*, 1963; *Le notti difficili*, 1971;), di drammi (*Un caso clinico*, 1953) e di libri che nascono dall'incontro di testo e illustrazioni, anch'esse opera dello stesso Buzzati (*Poema a fumetti*, 1969; *I miracoli di Val Morel*, 1972).

Siamo spiacenti di … venne stampato nel 1960 e Buzzati gli diede un significato piuttosto occasionale. Nel 1975 fu ripubblicato postumo con aggiunte di testi inediti o tratti da riviste e giornali. Qui Buzzati si rivela autore coraggioso fino al cinismo, «spiacente» di dire al lettore come stanno veramente le cose, pronto a raccontare la verità sulla vita, sull'amore, sul successo, sulle ideologie, sulla politica.

In copertina: *La balena volante*, quadro dello stesso Buzzati.

Esercizio 2

Soluzione:

a.

1. *è necessario*
2. *Mi dispiace – evitati*
3. *chiedo*
4. *accetti la situazione – insista*

b.
vitto – toccasana

c.
ne si riferisce a *donne*
denaro, democrazia → non ce ne sarà mai abbastanza
problemi, idee → non ce ne saranno mai abbastanza

Esercizio 3

Soluzione:
a. *dia* **b.** *legga* **c.** *guardi* **d.** *resti* **e.** *ritorni* **f.** *pranzi* **g.** *porti* **h.** *vada* **i.** *si rifaccia*

4 Esercizio

Soluzione:
a. *rivolgersi* **b.** *mangiare* **c.** *mettere* **d.** *bere* **e.** *condire* **f.** *finire*

5 E adesso tocca a voi!

L'attività più che una prova della competenza linguistica degli studenti è un esercizio per il loro senso dell'umorismo. Lasciate che scrivano quello che vogliono e non lesinate il vostro aiuto. Nel caso i vostri studenti abbiano poca fantasia potete far loro completare il seguente testo.

«Caro signore, mi dispiace, non andiamo niente bene. Se lei continua così, scusi la sincerità, ma le do pochi mesi di vita. Perciò è mio dovere parlarle chiaro. Qui si impone un rigoroso regime di vita.

«Per cominciare, una dieta di ferro: ____________________

____________________ sono veleno per lei. Neanche sentirne parlare. Il suo vitto si baserà su ____________________. ______ pepe, ______ sale. Tutt'al più, ____________________ ma solo di quando in quando.

«In quanto al bere, mi duole darle una cattiva notizia, ma ____________________ vanno banditi. ______, quest __ sì. E soprattutto __________. Si rassegni, amico mio. __________ è per lei il toccasana.

Come soluzione diamo qui una possibile continuazione del testo il più fedele possibile alla struttura dell'originale:

«Per cominciare, una dieta di ferro: salumi, selvaggina, papriche e mostarde, sono veleno per lei. Neanche sentirne parlare. Il suo vitto si baserà su verdure, latte, frutta cotta e carni bianche. Poco pepe, poco sale. Tutt'al più, qualche insalata di cipolle e peperoni, ma solo di quando in quando.
«In quanto al bere, mi duole darle una cattiva notizia, ma vino e whisky vanno banditi. Acqua, questa sì. E soprattutto succhi di frutta. Si rassegni, amico mio. I succhi di frutta sono per lei il toccasana. Ma sì, anche due tre bottiglie al giorno!
«E ora veniamo agli altri aspetti della sua attività quotidiana. Come prima cosa,

mai mettersi a letto dopo le nove, le dieci di sera. Qualche giorno a letto sarebbe l'ideale, ma non pretendo tanto.

«Però il sacrificio più grande, caro signore, è di altro genere. Qui sta la base della guarigione. E il rimedio è presto detto: castità, castità, castità! La castità non sarà mai abbastanza! Giorno e notte, notte e giorno. Bisogna che lei si faccia una ragione. E che rinunci più che può».

Questionario

6

Trascrizione del dialogo
Durata del brano: 3'50"

● *Ma che c'è, Giulia, sei sempre raffreddata?*
■ *Ma, ma questo non è un raffreddore, guarda.*
● *E che cos'è, scusa?*
■ *E che ne so. Non lo so, guarda, non lo so.*
● *E beh, allora sarai allergica a qualcosa.*
■ *Sì, certo, sono allergica, sono allergica al polline di non so quante piante, sono allergica alla polvere, al pelo dei gatti, al pelo dei cavalli, guarda ...*
● *E va be', qui non ci sono né gatti, né cavalli, la polvere poi non penso perché fanno le pulizie ogni mattina.*
■ *E appunto, guarda, non lo so, non lo so.*
● *Ma sei stata da uno specialista?*
■ *Certo che ci sono stata, mi sono fatta visitare e ... niente, m'ha detto che sono appunto allergica, ma non lo so, non lo so ...*
● *Ma non è possibile, Giulia, stai sempre lì col fazzoletto in mano, fai qualcosa.*
■ *Ma sì, adesso sono in cura da un allergologo e va be' m'ha detto le stesse cose dell'altro medico, però m'ha dato un'altra cura con delle pastiglie in cui ci sono questi pollini che mi creano questi problemi. E sai che l'anno scorso ho avuto quest'attacco d'asma.*
● *Sì, mi ricordo, mi ricordo, che t'han portata al pronto soccorso.*
■ *Infatti, che m'han curata col cortisone, infatti. Al che io l'ho detto al medico: senta, mi dia qualcosa perché non succeda quello che m'è successo l'anno scorso, non vorrei che succedesse proprio questa ...*
● *Certo.*
■ *Che mi capitasse ancora quest'attacco d'asma. E allora lui mi cura appunto con questa ... con queste pastiglie, insomma.*
● *Sì, ma sei sicura che ci capisca qualcosa questo, questo medico, eh?*
■ *Ma io, guarda lo spero, ma non lo so.*

● *Senti, perché non provi ad andare da un omeopata? Lo sai che le allergie si curano anche con l'omeopatia, no?*
■ *Sì, guarda, lo so, ma, non lo so, a me non sembra che sia una cosa tanto seria, devo essere sincera.*
● *Perché?*
■ *Non lo so, tu vai lì e ti siedi, ti fanno delle domande che a me pare non c'entrino proprio per niente, non ti fanno neanche una visita come si deve, non ti fanno gli esami del sangue …*
● *Beh, la visita, è vero, non è una visita tradizionale, però è una visita molto accurata, perché, per quel che mi riguarda, perché, ti ricordi mia sorella?*
■ *Ah, sì, sì.*
● *Che ne aveva sempre una, aveva mal di stomaco*
■ *Sì, mi ricordo, sì.*
● *poi aveva mal di testa, stava sempre a dieta, mangiava in bianco, va be', prendeva un giorno sì e un giorno no pastiglie, gocce, supposte, insomma, di tutti i colori. Finché finalmente è stata da uno di questi specialisti e ha risolto così i suoi problemi. Le hanno dato queste medicine e da allora sta benissimo.*
■ *Sta bene.*
● *Sì. Sta bene.*
■ *Ma senti, non è che tua sorella si sia lasciata un po' suggestionare?*
● *Beh, può darsi, Lei sì è vero è un po' suggestionabile, però, guarda ci ha mandato poi suo figlio che soffriva, sì va be' che è un bimbo, quindi i bimbi si prendono spesso i raffreddori eccetera, però adesso quando si prende una tosse o quando si prende un raffreddore, che poi è soltanto ogni tanto, perché non è più malato come una volta, prende queste medicine e guarisce subito, quindi insomma è un bambino, non si lascia suggestionare.*
■ *Sì, ma ecco proprio perché è un bambino, nei bambini il sistema immunitario prima o poi si sviluppa, quindi con la crescita diventano anche un po' più resistenti a tutti questi virus che ne so...*
● *Insomma tu non sei molto convinta.*
■ *Guarda io non sono molto convinta, io ho bisogno di un medico che ci capisca qualcosa, che mi dia un prodotto che funzioni perché finora m'è sembrato che andassero avanti a tentativi. Proviamo con questo, se non va bene proviamo con quello e poi, insomma, non è che le medicine me le regalassero.*
● *Certo. E guarda, un altro aspetto della medicina omeopatica è proprio questo: che andando da un omeopata non spenderai certo più di quanto hai speso finora.*
■ *Ah, beh, lo spero, perché so solo io quel che ho speso, insomma. Comunque, va be', guarda, io adesso provo questa nuova cura e, non dovesse funzionare, vorrà dire che …*
● *… che ti darò io un indirizzo.*
■ *E sì, va be'.*

Procedimento: Come indicato a pagina 12 di questa guida.

Soluzione:

a. *Giulia è allergica al polline, al pelo di alcuni animali e alla polvere.*

b. *Giulia ha sempre il fazzoletto in mano.*

c. *La sorella di Laura soffriva di mal di testa, mal di stomaco e mangiava sempre in bianco.*

d. *Giulia non è soddisfatta delle cure perché i medici andavano avanti a tentativi.*

e. *Giulia non è molto convinta.*

E adesso tocca a voi! 7

Per lo svolgimento di questa attività vedi quanto detto al punto 2 di ***Ricominciamo***.

Dialogo 8

Situazione: Giulia parla a Laura della sua allergia.
Principali intenzioni comunicative: Raccontare. Esprimere timore.
Principali elementi morfosintattici: La forma *non vorrei che* + il congiuntivo imperfetto.
Procedimento: Secondo la tecnica indicata al punto 2 della lezione 1.

Nel dialogo iniziale le due speaker, entrambe lombarde, hanno eliso la sillaba finale della terza persona plurale del presente del verbo avere. Nella riproduzione di queste cinque battute abbiamo voluto conservare l'elisione per presentare allo studente una variante regionale del resto molto diffusa.

Esercizio 9

Soluzione:
a. 4 – *si rompesse* **b. 3** – *ti ubriacassi* **c. 1** – *protestasse* **d. 2** – *avessi*

10 Lettura

Procedimento: Come spiegato al punto 3 di ***Ricominciamo***. Darete tre minuti per la prima lettura e, dato il contenuto dell'articolo che consiste soprattutto di cifre, limiterete a due il numero dei confronti fra gli studenti.

Forniamo qui una breve spiegazione delle terapie presenti nella pagina.

agopuntura	È un'antica pratica terapeutica di origine orientale consistente nell'infissione di aghi in punti prestabiliti della cute.
ayurveda	È la medicina della tradizione indiana. Si basa sul principio che la malattia nasca dalla mancanza di equilibrio nel corpo delle tre energie che governano l'uomo e l'universo: il vento, il fuoco e l'acqua.
chiropratica	È una terapia che agisce per mezzo di particolari tecniche manipolative che si propongono di rimuovere quelle resistenze che nel corpo impediscono il corretto flusso di energia nervosa.
fitoterapia	È una medicina tradizionale che prevede l'uso terapico di prodotti di origine rigorosamente vegetale.
naturopatia	È un insieme di tecniche tradizionali che prevedono l'impiego di elementi naturali come l'acqua, l'argilla, gli alimenti, i prodotti delle api.
omeopatia	È un metodo di cura che consiste nel somministrare in dosi minime quelle sostanze che in un organismo sano provocherebbero i sintomi della malattia che si vuole combattere.
osteopatia	È una terapia che prevede la manipolazione e la palpazione di tutto il corpo per ristabilirne l'armonia e il corretto funzionamento.
pranoterapia	È una pratica che agisce unicamente tramite l'energia che sarebbe emessa dalle mani del terapeuta sulle parti del corpo da curare.

reflessologia	È un metodo in cui si agisce massaggiando sui piedi i punti che si vogliono corrispondenti agli organi malati.
shiatsu	È una terapia nata in Giappone e che consiste nell'esercitare delle pressioni su particolari punti del corpo del malato.

E adesso tocca a voi! 11

Per lo svolgimento di questa attività vedi quanto detto al punto 2 di ***Ricominciamo.***

Dettato 12

Situazione: Giulia dice a Laura di essere poco soddisfatta delle cure fatte finora e Laura cerca di convincerla a cambiare tipo di terapia.
Principali intenzioni comunicative: Esprimere insoddisfazione. Consigliare. Cercare di convincere.
Principali elementi morfosintattici: Uso del congiuntivo in una proposizione relativa limitativa. La proposizione comparativa con *più di quanto / meno di quanto*. La forma ipotetica con il congiuntivo imperfetto del verbo *dovere* seguito dal futuro.
Procedimento: Secondo la tecnica indicata al punto 10 della lezione 1.

Soluzione:

■ *Guarda, io ho bisogno di un medico che ci capisca qualcosa, che mi dia un prodotto che funzioni perché finora mi sembrato che andassero avanti a tentativi: Proviamo con questo, se non va bene proviamo con quello; e poi, insomma, non è che le medicine me le regalassero.*

● *Certo. E guarda, un altro aspetto della medicina omeopatica è proprio questo: che andando da un omeopata non spenderai certo più di quanto hai speso finora.*

■ *Ah, beh, lo spero, perché so solo io quel che ho speso, insomma. Comunque, va be', guarda, io adesso provo questa nuova cura e se non dovesse funzionare vorrà dire che …*

● *… che ti darò io un indirizzo.*

Le tre proposizioni relative che compaiono nella prima battuta (*che ci capisca, che mi dia un prodotto che funzioni*) sono dette determinative (o limitative) proprio perché determinano (o limitano) l'azione (in questo caso la ricerca) espressa nella proposizione principale. Le relative determinative possono avere l'indicativo o il congiuntivo. Si confrontino le due frasi:

Cerco un libro che parli degli ultimi dieci anni di storia.
(Cerco un qualsiasi libro su questo argomento)

Cerco un libro che parla degli ultimi dieci anni di storia.
(Mi riferisco a un determinato libro)

Fate notare agli studenti che nella frase *ho bisogno di un medico che ci capisca* il verbo *capire* coniugato insieme alla particella *ci* ha il significato *conoscere il proprio mestiere, intendersene, essere competente.*

La proposizione comparativa di maggioranza può essere costruita con le locuzioni congiuntive *più di quanto* o *più di quello che*. La prima locuzione ci pare tuttavia più ricorrente portando l'attenzione più specificatamente sulla quantità della cosa comparata. Si può dire comunque che *più di quanto* ricorre quasi esclusivamente quando il verbo delle due proposizioni sia lo stesso; *più di quello che* può invece ricorrere quando i verbi siano differenti.
Si confrontino le frasi: *Ha più soldi di quanti ne abbia (ho) io, Lavora più di quanto lavori tu,* dove il verbo delle due proposizioni è lo stesso, e le altre due frasi *Ha più soldi di quello che pensavo* e *Lavora più di quello che si dice,* dove invece i due verbi sono differenti. Nelle ultime due frasi si potrebbe comunque usare la locuzione *più di quanto.*

Come abbiamo segnalato nello specchietto, il verbo *dovere* coniugato al congiuntivo imperfetto presenta un eventualità non necessariamente remota; ad esso può quindi seguire il futuro (come nel nostro esempio), l'imperativo, l'indicativo o lo stesso condizionale. Si confrontino le frasi:
Se non dovessi essere a casa, telefonami in ufficio.
Se non dovessi trovare nessuno che ti porta alla stazione, ti accompagno io.
Se dovessi avere delle difficoltà, saprei comunque come comportarmi.

Esercizio 13

Soluzione:
Ho bisogno di …

a. *una medicina che funzioni.*
b. *qualcuno che mi ascolti.*
c. *un amico che mi capisca.*
d. *una persona che mi aiuti.*
e. *un lavoro che mi soddisfi.*
f. *un medico che mi guarisca.*
g. *un amico che mi dia un consiglio.*
h. *una segretaria che sappia stenografare.*
i. *una giacca che vada bene con questi pantaloni.*
j. *una dieta che mi faccia dimagrire.*
k. *una macchina che non si rompa sempre.*

Esercizio 14

Soluzione:

a. *Pensavo che i medici omeopatici non fossero abbastanza competenti.*
b. *Mi sembra che la cura ti faccia bene.*
c. *Giulia pensava che gli omeopati non facessero delle visite accurate.*
d. *Sono del parere che Giulia abbia bisogno di una cura omeopatica.*
e. *Voglio un medico che usi rimedi naturali.*
f. *Era necessario che Giulia facesse qualcosa contro la sua allergia.*

Esercizio 15

Diamo a titolo di esempio il dialogo relativo al punto **a.**

■ *Io adesso provo a telefonare al meccanico e, se la macchina non dovesse essere pronta, vorrà dire che …*

● *… che ti presterò io la mia.*

E adesso tocca a voi! 16

Prima di far svolgere questa attività potete far ascoltare ancora una volta l'intero dialogo e dire agli studenti di concentrasi sulle espressioni che

Laura usa per informarsi sui disturbi dell'amica, per darle dei consigli e per convincerla a seguirli, e sulle espressioni che Giulia usa per ribattere e per esprimere scetticismo.
Per il procedimento relativo alla produzione orale vedi quanto detto al punto 12 della lezione 3.

17 Lettura

Procedimento: Come spiegato al punto 3 di ***Ricominciamo***. Darete 3 minuti per la prima lettura, che riguarderà soltanto il primo testo. Per il secondo, che non è un testo narrativo, potete consentire l'uso del glossario man mano che gli studenti svolgono il test.

Alla riga 14 compare la combinazione pronominale *se lo* (pronome riflessivo + pronome oggetto diretto). Svolgendosi anche in questo caso, come in quello presentato alla lezione 4 (pronome oggetto indiretto + pronome oggetto diretto) il passaggio da *i* a *e* della vocale del primo pronome, non ci è parso necessario segnalarlo all'attenzione dello studente.

18 E adesso tocca a voi!

Per lo svolgimento di questa attività vedi quanto detto al punto 2 di ***Ricominciamo***.

19 Test

I.
a. *si ammalasse* **b.** *sia* **c.** *faccia* **d.** *dovesse* **e.** *curasse*

II.
a. *alla* **b.** *di – di – in* **c.** *con* **d.** *alle* **e.** *di* **f.** *a* **g.** *di* **h.** *di – in*

Se me l'avessi detto prima...

Lingua orale

Situazione: Guido è seduto davanti al televisore aspettando che la partita cominci e Cristina, sua moglie, si siede accanto a lui.

Principali intenzioni comunicative: Rammaricarsi. Togliere valore all'argomentazione dell'altro. Rimproverare. Respingere un rimprovero accusando l'altro delle stesse mancanze. Rimarcare l'insistenza dell'altro. Giustificarsi. Mostrare di non tenere in gran conto le motivazioni dell'altro. Presentare la soluzione di un problema. Accogliere la soluzione.

Elementi morfosintattici: Il congiuntivo trapassato. Il periodo ipotetico dell'impossibilità. La proposizione concessiva con *benché*. La combinazione dei pronomi oggetto diretto con la particella locativa *ci*.

Secondo ascolto: Pareri sulla televisione.

Lingua scritta

Tipo di testi: Un racconto di Gabriele Romagnoli. Un brano estratto da *La locandiera* di Carlo Goldoni.

Elementi morfosintattici: Il periodo ipotetico dell'irrealtà nella forma *Se* + congiuntivo trapassato + condizionale passato e nella forma colloquiale *Se* + imperfetto indicativo + imperfetto indicativo.

Elementi di civiltà: Gli italiani e la televisione.

Questionario

1

Trascrizione del dialogo

Durata del brano: 2'35"

▲ *Ah! Che fai? Ti guardi la partita con me?*
■ *Eh, figurati! Sai che m'importa a me della partita.*
▲ *Allora che c'è?*

■ *Ti devo dire una cosa.*
▲ *È chiaro, no? Tu appena vedi che io mi siedo davanti al televisore per vedere la partita, mi devi dire qualcosa.*
■ *E certo.*
▲ *È più forte di te.*
■ *E sì.*
▲ *Non ne puoi fare a meno.*
■ *Volevo proprio scocciarti ....*
▲ *Allora questa cosa dilla velocemente perché la partita sta per cominciare.*
■ *Perfetto. Allora, per dopodomani sera sono riuscita a trovare due biglietti per «La locandiera» dopo essermi fatta due ore di coda stamattina.*
▲ *Per dopodomani sera. S'era detto sabato ...*
■ *E sabato non c'eran più biglietti.*
▲ *E va be' niente, mi dispiace, ma dopodomani sera a teatro ci vai da sola.*
■ *Perché?*
▲ *Perché io ho già preso un impegno con Sergio per vederci ...*
■ *Guido!*
▲ *... il Brasile a casa sua.*
■ *Non è possibile! Anche il Brasile! Ti sei visto l'Italia!*
▲ *Ma ci sono i mondiali di calcio e le partite me le vedo tutte.*
■ *Ah, Dio mio!*
▲ *E quindi mi dispiace, me l'hai detto troppo tardi, cara.*
■ *Come troppo tardi?*
▲ *Se me l'avessi detto prima ...*
■ *Come, se te l'avessi detto prima? Se te l'avessi detto prima, non sarebbe cambiato proprio nulla, perché ti saresti visto lo stesso questa maledetta partita.*
▲ *E va be'.*
■ *È possibile che tu non voglia mai fare niente con me? Anche l'ultima volta, cos'era? la festa di Francesca ...*
▲ *Ancora?*
■ *Eh, ancora.*
▲ *Ma tu le cose me le dici all'ultimo momento!*
■ *All'ultimo momento! Te le dico quando ti vedo!*
▲ *Ma no! È troppo tardi, anche in quel caso. E poi senti chi parla.*
■ *Perché?*
▲ *Ma perché tu alla festa di mamma ci sei venuta?*
■ *E dagli!*
▲ *Ah, lo vedi?*
■ *Eh, 'sta festa di mamma!*
▲ *Con una differenza: che io della festa di Francesca non lo sapevo.*

■ *E io invece della festa di mamma sì!*
▲ *Sì. E io benché te l'avessi detto e ripetuto, benché lo sapessi perfettamente, hai preferito andare a quel convegno.*
■ *Ho preferito. Era indispensabile per me andare a quel congresso!*
▲ *Ma che indispensabile, figurati!*
■ *Ma sì! figurati! Sempre le stesse storie! È da un mese che mi ripeti 'sta storia, guarda!*
▲ *Comunque io ormai la partita ho deciso che me la vedo con Sergio!*
■ *Uffa! Ma non te la puoi registrare e guardartela poi, dopo?*
▲ *Macché sei matta? La partita io devo viverla. Il Brasile non lo si può vedere dopo, io devo viverla in diretta. Non si può!*
■ *Uff, queste partite in Tv, quanto son scoccianti!*
▲ *Io ho preso un impegno!*
■ *Sempre lì davanti alla televisione con 'ste partite!*
▲ *Senti chi parla! Senti chi parla!*
■ *Perché?*
▲ *Lei che fa tanto l'intellettuale!*
■ *Beh?*
▲ *Che poi il pomeriggio ti guardi quelle telenovelas in televisione e peggio ancora la sera quei programmi strappalacrime. Ma per carità!*
■ *Senti, guarda!*
▲ *Guarda facciamo una cosa: tu a teatro ci vai con una tua amica.*
■ *Ecco, bene! Che sarà anche molto più piacevole!*
▲ *Oh, bene. Io che sono un uomo generoso, vi ci accompagno in macchina, però ve ne tornate a casa in taxi perché io vado a vedermi la partita da Sergio!*
■ *Da Sergio!*
▲ *Esatto! Anzi adesso la partita comincia, quindi per favore lasciami tranquillo.*
■ *Va bene, senti, guarda, buon divertimento!*
▲ *Grazie!*
■ *Dio mio! Che ignorante di un uomo che c'ho!*
▲ *E sì, va be', va be', ciao!*

Procedimento: Come indicato a pagina 12 di questa guida.

Soluzione:

a. *Vuole dirgli che è riuscita a trovare due biglietti per il teatro.*
b. *Guido deve andare dal suo amico Sergio per vedere con lui la partita del Brasile.*
c. *Lei gli rimprovera di non voler mai fare niente con lei.*
d. *Lui le rimprovera di non esser voluta andare alla festa della madre.*
e. *Le promette di accompagnarla a teatro in macchina.*

② Dialogo

Situazione: Cristina contesta le ragioni del rifiuto di Guido.
Principali intenzioni comunicative: Rammaricarsi. Togliere valore all'argomentazione dell'altro.
Principali elementi morfosintattici: Il periodo ipotetico dell'impossibilità.
Procedimento: Secondo la tecnica indicata al punto 2 della lezione 1. Per un diverso approccio vedi il procedimento illustrato in appendice.

③ Esercizio

Soluzione:
Diamo a titolo d'esempio soltanto il dialogo relativo al punto **a.**
▲ *Mi dispiace, mi hai chiamato troppo tardi. Se mi avessi chiamato prima …*
■ *Se ti avessi chiamato prima, non sarebbe cambiato proprio nulla.*

④ Esercizio

Potete inserire le nove frasi in un cosiddetto «filetto» come è stato indicato in questa guida a pagina 37.

Alla maggior parte dei vostri studenti il nome di Meucci risulterà probabilmente sconosciuto. Il primo brevetto del telefono si deve comunque a lui e soltanto cinque anni dopo A.G.Bell brevettò un apparecchio simile. Il processo fra Meucci e Bell per stabilire la paternità dell'invenzione si concluse nel 1886 con la vittoria di Meucci, quando ormai però il brevetto dell'italiano era scaduto da 13 anni.

⑤ Lettura

Principali elementi morfosintattici: Il periodo ipotetico dell'irrealtà nella forma *Se* + congiuntivo trapassato + condizionale passato e nella forma colloquiale *Se* + imperfetto indicativo + imperfetto indicativo.
Procedimento: Ricorrete ancora una volta alle fotografie e ai disegni della pagina successiva per «anticipare» parte del lessico necessario a capire meglio il racconto. Chiedete in particolare chi sono i due uomini raffigurati a pagina 169, dove sono e cosa stanno facendo e, qualora qual-

cuno degli studenti si intenda di calcio, che ruolo ricoprono nel campo da gioco.
Procedete poi nel modo indicato al punto 3 di ***Ricominciamo***, dando 4 minuti per la prima lettura.

Esercizio (6)

Soluzione:
Se non lo fermavano → Se non lo avessero fermato
Non cambiava niente → Non sarebbe cambiato niente
Cadeva da solo → Sarebbe caduto da solo

E adesso tocca a voi! (7)

Per lo svolgimento di questa attività vedi quanto detto al punto 2 di ***Ricominciamo***.

Dettato (8)

Situazione: Guido rimprovera Cristina di non averlo voluto accompagnare alla festa della madre di lui.
Principali intenzioni comunicative: Rimproverare. Respingere un rimprovero accusando l'altro delle stesse mancanze. Rimarcare l'insistenza dell'altro. Giustificarsi. Mostrare di non tenere in gran conto le motivazioni dell'altro.
Principali elementi morfosintattici: La proposizione concessiva con *benché*.
Procedimento: Secondo la tecnica indicata al punto 10 della lezione 1.

■ *È possibile che tu non voglia mai fare niente con me?*
▲ *Io? Senti chi parla!*
■ *Perché?*
▲ *Ma perché tu alla festa di mamma ci sei venuta?*
■ *E dagli!*
▲ *Ah, lo vedi?*
■ *Eh, 'sta festa di mamma!*
▲ *Con una differenza: che io della festa di Francesca non lo sapevo.*

■ *E io invece della festa di mamma sì!*
▲ *Sì. E io benché te l'avessi detto e ripetuto, benché tu lo sapessi perfettamente, hai preferito andare a quel convegno.*
■ *Ho preferito. Era indispensabile per me andare a quel congresso!*
▲ *Macché indispensabile, figurati!*

Nella decima battuta un Guido piuttosto concitato premette il soggetto (*io*) alla congiunzione concessiva *benché*. Nel dettato abbiamo lasciato quello che più che errore potrebbe definirsi improprietà. Avvertite comunque gli studenti che la forma corretta, quella del resto usata dallo stesso Guido nella frase immediatamente successiva, prevede la posposizione del soggetto. All'italiano standard non appartiene neanche la forma *'sta*, abbreviazione del dimostrativo *questa*, usata da Cristina per esprimere la sua insofferenza per quello che sembra essere l'ennesimo rimprovero del marito. La forma appartiene però all'italiano colloquiale e possiede nel nostro esempio, una sua precisa funzione semantica, quella appunto di manifestare insofferenza. L'uso dell'intero dimostrativo non avrebbe reso con altrettanta efficacia il fastidio di Cristina.

9 Esercizio

Soluzione:

a. *Benché ti avessi pregato di non fare rumore, tu …*
b. *Benché ti avessi chiesto di essere gentile con lui, tu …*
c. *Benché Le avessi raccomandato di finire quel lavoro, Lei …*
d. *Benché Lei sapesse quanto era / fosse importante la Sua presenza, ha preferito …*
e. *Benché voi foste a conoscenza dell'importanza della riunione, avete preferito …*

10 Dialogo

Situazione: Guido propone a Cristina di accompagnarla a teatro.
Principali intenzioni comunicative: Presentare la soluzione di un problema. Accogliere la soluzione.
Principali elementi morfosintattici: Particolarità dell'uso del pronome locativo *ci* in combinazione con i pronomi diretti.
Procedimento: Secondo la tecnica indicata al punto 2 della lezione 1.

Abbiamo in questo dialogo una nuova combinazione di pronomi: quella fra un pronome oggetto diretto e il locativo *ci*. La particolarità di questa combinazione è stata segnalata nel manuale.

Esercizio 11

Soluzione:

a. *Ce lo porto io.*
b. *Ti ci porta Marco.*
c. *Mi ci accompagna Luigi.*
d. *Ce li porta mia sorella.*
e. *Vi ci accompagnamo noi.*
f. *Ci porta Riccardo.*

Esercizio 12

Per quanto riguarda lo svolgimento di quest'esercizio si veda quanto è stato detto al punto 14 della lezione 4.

Esercizio 13

Soluzione:

a. *Figurati* **b.** *Ecco bene!* **c.** *E dagli!* **d.** *Senti chi parla*

E adesso tocca a voi! 14

Per lo svolgimento di questa attività vedi quanto detto al punto 2 di ***Ricominciamo***.

15 Lettura

Procedimento: Come spiegato al punto 3 di ***Ricominciamo***. Darete 5 minuti per la prima lettura.

Presentiamo qui una breve trama della commedia.

La scena si svolge a Firenze dove Mirandolina gestisce la locanda che le ha lasciato il padre, il quale, morendo, le ha raccomandato, di sposare Fabrizio, il cameriere che la aiuta nella conduzione degli affari. Ospiti della locanda sono tre aristocratici: il Marchese di Forlimpopoli, avaro e spiantato (nel monologo Mirandolina lo chiama Arsura per la sua avarizia), il Conte d'Albafiorita che ha acquistato il titolo nobiliare e il Cavaliere di Ripafratta che si dichiara nemico delle donne. Dopo una scortesia di quest'ultimo nei suoi confronti, Mirandolina decide di vendicarsi facendolo innamorare di sé. Inizia dunque la seduzione che, in un crescendo strategico, conduce il cavaliere alla fine del secondo atto a dichiararsi innamorato, mentre aumenta la gelosia del marchese e del conte. Alla fine Mirandolina, il cui gioco l'ha portata in una situazione che si sta facendo pericolosa, si libera dei tre spasimanti, che abbandonano la locanda, e si dichiara pronta a sposare il fedele Fabrizio.

Il monologo, come già la poesia di Stefano Benni al punto 15 della lezione 2, è presente anche fra i materiali d'ascolto. L'attività che proponiamo è però, anche in questo caso, quella della lettura. Potrete far ascoltare il brano una volta che gli studenti lo abbiano letto e compreso.

16 Esercizio

Trascrizione delle interviste
Durata del brano: 3'03"

I. = intervistatore, G. = Gabriella,V. = Virgilio, L. = Luciana, D. = Daniela

I. *Allora, Gabriella, tu guardi la televisione?*
G. *Sì, abbastanza, non esageratamente, ma la guardo.*
I. *Quando soprattutto?*
G. *Per esempio la sera.*
I. *Senti, e i tuoi bambini guardano la televisione?*
G. *Purtroppo sì, passivamente.*

I. *Tu fai qualcosa per impedirglielo?*

G. *Eh sì, cerco, tento di farlo, però non mi riesce sempre.*

I. *Ho capito. Dunque, Virgilio, anche tu hai due bambini, come Gabriella. I tuoi bambini guardano la televisione?*

V. *Sì, guardano soprattutto programmi per bambini, che ultimamente sono curati, sono vedibili, ecco. Quando c'è qualcosa di violento sia io che la madre ci imponiamo e la spegniamo.*

I. *Ho capito. Senti, e tu guardi la televisione, sì?*

V. *Sì, volentieri, io non l'ho mai demonizzata, non ne faccio una scorpacciata come, come molti, però, ecco, neanche la voglio demonizzare perché mi piace, mi piace soprattutto il notiziario, mi piace la trasmissione anche, così, cabarettistica e le partite, perché no? Ecco, io non voglio rifugiarmi sempre dietro la figura dell'uomo impegnato culturalmente, politicamente. Sono stato, sono anche questo, però insomma la televisione non è il demonio.*

I. *E invece tu, Luciana, tu hai detto che odi la televisione.*

L. *Sì, la odio assolutamente, guarda.*

I. *Perché?*

L. *Mah, secondo me è sostituibile con altri mezzi. Per esempio, io guardo il telegiornale ogni tanto, però preferisco leggermi le notizie sul giornale, le trovo più interessanti, ho più tempo per pensarci, per rileggermi anche magari un articolo che trovo interessante. Poi vedo ogni tanto anche qualche film, qualche film anche interessante, però preferisco vederlo al cinema, quindi io personalmente potrei benissimo vivere senza televisione, potrei farne a meno benissimo e soprattutto mi scoccia il fatto che mio figlio ci si piazzi davanti, così, e senza … non sceglie i programmi, lui semplicemente accende e si guarda, si sorbisce quello che viene offerto in quel determinato momento.*

I. *E tu fai qualcosa per impedirgli …*

L. *Mah, se sono presente sì. Se sono presente gli permetto sì di vedere ogni tanto che so i cartoni animati o qualche bel documentario, però spesso io lavoro, quindi non sono a casa e quindi non posso evidentemente controllare cosa fa lui.*

I. *Ho capito. Invece Daniela non ha la televisione.*

D. *No. Proprio non ce l'ho e non l'ho mai avuta e penso che non l'avrò mai.*

I. *Ma perché tu odi la televisione?*

D. *Sì, sì, proprio mi è … proprio mi è antipatica. Mi è antipatica, già l'apparecchio in se stesso, così, questa scatola, così, questo coso con questo schermo …*

I. *Senti, secondo te la televisione fa male?*

D. *Sì, secondo me fa male.*

I. *A chi? A tutti o in particolare a qualcuno?*

D. *Sì, secondo me a tutti, a tutti, sì. Soprattutto secondo me a quelli che non s'accorgono neanche appunto di tutto il tempo che stanno a passare davanti al teleschermo.*

Procedimento: Farete ascoltare una volta il brano a libro chiuso. Direte poi di aprire il libro e farete leggere il questionario chiarendo eventuali difficoltà di comprensione del testo. A libro aperto farete ascoltare di nuovo il brano dicendo agli studenti di svolgere contemporaneamente l'esercizio. Alla fine dell'ascolto darete inizio all'attività di socializzazione (anch'essa a libro aperto). A un successivo ascolto seguirà una nuova socializzazione.

Soluzione:
a. *Daniela* **b.** *Virgilio* **c.** *Luciana* **d.** *Virgilio* **e.** *Luciana* **f.** *Daniela* **g.** *Gabriella e Virgilio* **h.** *Luciana*

Probabilmente il paragone fra il fumo passivo e la TV passiva presentato nella vignetta di Giuliano si pone anche perché in Italia la TV, oltre che in molte case, è spesso accesa anche nei bar e in altri luoghi di ritrovo. Potrebbe essere uno spunto per chiedere agli studenti se hanno notato delle differenze per quanto riguarda il «consumo» della TV in Italia e nel loro paese e se ci sono stati dei casi in cui si sono sentiti infastiditi dal fatto che qualcuno tenesse acceso il televisore.

17 E adesso tocca a voi!

Per lo svolgimento di questa attività vedi quanto detto al punto 2 di ***Ricominciamo***.

18 Test

I.
a. *saremmo potuti* **b.** *avessi lasciato* **c.** *c'era* **d.** *avessi saputo*

II.
a. *Benché ti avessi chiesto …*
b. *… benché in alcuni punti sia un po' lento.*
c. *Benché mi abbia visto …*
d. *… benché il tempo non sia stato sempre bello.*

III.
a. *ti ci* **b.** *ce la* **c.** *Ci* **d.** *vi ci*

Ma è roba da matti!

Questa lezione è dedicata quasi esclusivamente al discorso indiretto, un punto che non può mancare in un libro di testo, ma il cui completo dominio richiede una conoscenza dell'italiano che va ben oltre la somma delle nozioni che forniamo nel nostro manuale. Ci siamo perciò limitati a presentare alcuni principi generali considerando che una conoscenza completa della forma in questione appartiene non solo ai parlanti di lingua madre, ma a quelli fra costoro che dispongano di un buon livello culturale.

Lingua orale

Situazione: Fabrizio, che ha appena avuto un litigio in mezzo alla strada, racconta a Francesca quello che gli è successo.

Principali intenzioni comunicative: Scusarsi. Sottolineare l'inevitabilità di una situazione. Accennare a un fatto che ha rischiato di prodursi. Mostrare stupore per la gravità di un fatto. Riferire. Esprimere stupore per un comportamento scandaloso.

Elementi morfosintattici: La forma *c'è mancato poco che* + il congiuntivo. Il discorso indiretto.

Lingua scritta

Tipo di testi: Un articolo di cronaca tratto da *La Repubblica*. Una lettera al *Corriere della Sera*. Un brano estratto da *Il Gattopardo* di Giuseppe Tomasi di Lampedusa.

Elementi morfosintattici: Il discorso indiretto.

Lettura

1

Procedimento: Come spiegato al punto 3 di ***Ricominciamo***. Darete 4 minuti per la prima lettura.

Alla seconda linea della terza colonna compare un condizionale passato (*avrebbero detto*) in un uso che finora non si è mai presentato e che non abbiamo ritenuto necessario evidenziare per non appesantire una lezione il cui contenuto grammaticale ci sembra già abbastanza sostanzioso. Si tratta comunque di una forma assai frequente nei giornali e usata tutte le volte in cui si vuole riportare quanto detto o fatto da qualcuno senza voler però giurare sulla assoluta veridicità di quanto si sta riferendo.

a. *sì* **b.** *no* **c.** *sì*

2 E adesso tocca a voi!

Per lo svolgimento di questa attività vedi quanto detto al punto 2 di ***Ricominciamo***.

3 Questionario

Trascrizione del dialogo
Durata del brano: 3'10"

● *Oh, scusa eh, scusa il ritardo. Mi dispiace.*
■ *Ma Fabrizio, ciao. Che faccia che hai!*
● *E per forza! Ho appena fatto una litigata con uno qui in mezzo alla strada.*
■ *Hai litigato?*
● *Sì, con un cretino! Guarda, c'è mancato poco che gli mettessi le mani addosso.*
■ *Addirittura!*
● *Eh, sì.*
■ *E perché che è successo?*
● *Eh, perché è successo che venendo qua volevo passare dal commercialista e son passato dal commercialista. Ho trovato un posto. Sai che trovare un posto è una cosa difficilissima. Ho trovato un posto, ho parcheggiato la macchina, sono stato mezz'ora dal commercialista e poi quando sono sceso c'era un cretino che aveva parcheggiato la sua macchina davanti alla mia.*
■ *Ma va'!*
● *Naturalmente senza ... sai mai che mettessero un biglietto. Sono al numero tal dei tali. Sono nel negozio tal ... Niente. La macchina era chiusa naturalmente e allora io ho cominciato a affacciarmi a tutti i negozi, a chiedere di chi fosse la macchina. Naturalmente non era di nessuno. No?*

- *Certo.*
- *E niente. A quel punto, sai, ho aspettato, ma che potevo fare?*
- *Hai cercato un vigile?*
- *Sì i vigili, che … capirai, quelli, quando ce n'è bisogno, non li trovi mai. E niente. A quel punto ho fatto una cosa che non mi piace fare, ma dovevo farla, e che altro avrei potuto fare? Mi sono attaccato al clacson, ho cominciato a suonare il clacson.*
- *E chiaro.*
- *Chiaro, però sai la gente passa, ti guarda male, perché naturalmente in quel caso, capisci, sembrava che il maleducato fossi io e non quel cretino che aveva parcheggiato la macchina in quel modo. E niente. Poi, dopo dieci minuti, è arrivato tranquillo, sereno, calmo, sai, come se non fosse successo niente. L'avrei ammazzato.*
- *E non ha detto niente?*
- *Niente. Né scusa, né mi dispiace.*
- *Ma guarda!*
- *Io gli ho chiesto se gli sembrava quello il modo di parcheggiare.*
- *Certo.*
- *Eh sì, e lui mi ha risposto che sì, aveva girato tanto e che non aveva trovato posto e che insomma la macchina da qualche parte la doveva lasciare. Hai capito?*
- *Ma è roba da matti guarda!*
- *Eh, sì, io non lo so. Poi, Santo Dio. Io ho suonato il clacson e gli ho detto: «Ma scusi, il clacson non l'ha sentito? Son dieci minuti che lo suono?» E lui m'ha risposto che sì, che l'aveva sentito ma che non poteva liberarsi. E che poi insomma non era colpa sua se a Roma uno non può più girare con la macchina.*
- *Ma guarda, va', che mondo! C'è un'arroganza.*
- *Sì.*
- *Una cosa pazzesca.*
- *Infatti, infatti. Io ho capito a quel punto che avevo a che fare con un maleducato, ho capito che non valeva la pena stare a discutere. Gli ho detto, gli ho fatto presente quanto fosse maleducato e comunque gli ho detto che era stato fortunato ad aver incontrato una persona educata come me perché se avesse incontrato un maleducato come lui certamente non se la sarebbe cavata così a buon mercato.*
- *E certo.*
- *E poi sai, voglio dire, a un certo punto c'era anche da ridere perché nel frattempo, sai io ero un pochino, insomma ero arrabbiato e s'era radunata la gente, no? Intorno.*
- *Chiaro.*

- *E naturalmente davano ragione a me, c'era addirittura chi diceva che avrei fatto bene, avrei dovuto graffiargli la macchina ...*
- *E se lo sarebbe pure meritato.*
- *E certo. Comunque, niente, questo è quello che succede a girare in macchina per Roma. La prossima volta invece prendo il motorino così, niente, tagliamo la testa al toro e non se ne parla più.*
- *Mah, guarda, è un mondo. Non c'è più senso civico. Ognuno pensa a sé ... È un mondo di maleducati, guarda.*
- *Sì, andiamoci a prendere un caffè, va'!*
- *Eh, sì, va'.*

Procedimento: Come indicato a pagina 12 di questa guida.

Soluzione:
L'ordine è: 6 – 1 – 3 – 2 – 7 – 5 – 4

4 E adesso tocca a voi!

Potete svolgere questa attività seguendo le indicazioni fin qui ripetute ad ogni attività di produzione libera orale, oppure in plenum ponendo voi direttamente la domanda alla classe.

5 Dialogo

Situazione: Fabrizio si scusa del ritardo e accenna a quanto gli è successo.
Principali intenzioni comunicative: Sottolineare l'inevitabilità di una situazione. Accennare a un fatto che ha rischiato di prodursi. Mostrare stupore per la gravità di un fatto.
Principali elementi morfosintattici: La forma *c'è mancato poco che* + il congiuntivo.
Procedimento: Secondo la tecnica indicata al punto 2 della lezione 1. Per un diverso approccio vedi il procedimento illustrato in appendice.

Esercizio (6)

Diamo a titolo d'esempio il dialogo relativo alla sequenza **a.**

■ *Che faccia che hai!*

● *Per forza ho appena avuto un incidente.*

■ *Hai avuto un incidente?!*

● *Sì, con la macchina. C'è mancato poco che andassi contro un albero.*

Dialogo (7)

Situazione: Fabrizio racconta quello che gli è successo.
Principali intenzioni comunicative: Riferire. Esprimere stupore per un comportamento scandaloso.
Principali elementi morfosintattici: Il discorso indiretto.
Procedimento: Secondo la tecnica indicata al punto 2 della lezione 1.

Esercizio (8)

Soluzione:

a. *Gli ho chiesto se era / fosse sua quella macchina.*
b. *Le ho domandato se si mangiava / mangiasse bene in quel ristorante.*
c. *Gli ho domandato se gli sembrava / sembrasse quello il modo di comportarsi.*
d. *Le ho chiesto se voleva / volesse partire con tutte quelle valigie.*
e. *Ho chiesto loro se era / fosse quello l'autobus per Tivoli.*

Esercizio (9)

Soluzione:

a. *Mi ha detto che aveva mangiato bene, ma che aveva speso un patrimonio.*
b. *Mi ha risposto che aveva comprato il pane, ma che aveva dimenticato di comprare il vino.*
c. *Mi ha confermato che era passato da Mario, ma che Giorgio non c'era.*
d. *Mi ha detto che era arrivato in ritardo perché c'era traffico.*
e. *Mi ha assicurato che aveva ricevuto la conferma della prenotazione.*
f. *Mi ha risposto che gli dispiaceva, ma che non aveva sentito il clacson.*

(10) Esercizio

Soluzione:

a. *Ho chiesto alla signora Bianchi se aveva / avesse fatto le fotocopie, perché era più di un'ora che aspettavo di averle.*
b. *Gli ho chiesto se si era / fosse ricordato di fare la spesa, perché non avevamo più niente in frigorifero.*
c. *Le ho chiesto se aveva / avesse cambiato i soldi, perché io non avevo che pochi scellini in tasca.*
d. *Ho chiesto al signor Conti se aveva / avesse preso lui la lettera dell'avvocato, perché non riuscivo più a trovarla.*
e. *Le ho chiesto quando era / fosse tornata dalle vacanze perché l'avevo chiamata tutto il fine settimana.*

(11) Esercizio

Soluzione:

a. *Gli ho detto che non ne potevo più di quel tempo, e lui mi ha risposto che avevo ragione, ma che mica era colpa sua se in Inghilterra piove in tutte le stagioni.*

b. *«Ho letto questo libro, ma non mi è piaciuto per niente.»*
«A me invece è piaciuto moltissimo. (Ma) È normale che due persone abbiano gusti diversi.»

c. *Gli ho detto che non riuscivo a capire come quel ciarlatano poteva / potesse avere tanto successo, e lui mi ha risposto che purtroppo alla maggior parte della gente i ciarlatani piacciono.*

d. *«La notte non dormo più, (perché) mio figlio non fa che piangere.»*
«Devi aver pazienza, (perché) tutti i bambini la notte piangono».

(12) Lettura

Dite ai vostri studenti di osservare le fotografie a pagina 185 e chiedete loro se immagini del genere ricorrono anche nella loro città. Assegnate due minuti per leggere il primo testo (per le parole che non conoscono potranno ricorrere al glossario o a voi) e ancora due o tre minuti per discutere su quanto viene richiesto al punto **a.** dell'attività al punto 13. Assegnate quindi un minuto per leggere il secondo testo e passate poi al al punto **b.** dell'attività di produzione orale.

E adesso tocca a voi! 13

Anche in questo caso potete svolgere l'attività in plenum, oppure seguire le indicazioni fin qui ripetute ad ogni attività di produzione orale.

Dettato 14

Situazione: Fabrizio conclude il racconto del suo litigio.
Principali intenzioni comunicative: Riferire. Dichiararsi d'accordo, mostrando partecipazione, con il comportamento riferito dall'interlocutore.
Principali elementi morfosintattici: Il discorso indiretto.
Procedimento: Secondo la tecnica indicata al punto 10 della lezione 1.

■ *Che mondo! C'è un'arroganza …*
● *Eh sì.*
■ *Una cosa pazzesca!*
● *Sì, ma io ho capito a quel punto che avevo a che fare con un maleducato e ho capito che non valeva la pena stare a discutere. Gli ho fatto presente quanto fosse maleducato e comunque gli ho detto che era stato fortunato ad aver incontrato una persona educata come me, perché, se avesse incontrato un maleducato come lui, certamente non se la sarebbe cavata così a buon mercato.*
■ *E certo!*
● *Poi sai, a un certo punto c'era anche da ridere, perché nel frattempo s'era radunata la gente.*
■ *Chiaro!*
● *E naturalmente davano ragione a me. C'era addirittura chi diceva che avrei dovuto graffiargli la macchina.*
■ *E se lo sarebbe pure meritato!*

Esercizio 15

Soluzione:

a. Il presente indicativo diventa un congiuntivo imperfetto. La quantità di maleducazione espressa alla forma diretta con l'aggettivo *gran*, viene resa nella forma indiretta ricorrendo all'avverbio *quanto*.

b. Il passato prossimo diventa un trapassato prossimo. L'infinito passato non cambia.

c. Il periodo ipotetico non cambia. L'allocutivo *Lei* diventa *lui*.
d. Il condizionale presente diventa un condizionale passato.

Per l'uso di *gran* al posto di *grande* vedi quanto detto al punto 13 della lezione 3.

16 Esercizio

Per quanto riguarda lo svolgimento di quest'esercizio si veda quanto è stato detto al punto 14 della lezione 4.

17 Esercizio

Soluzione:
a. *Chiaro!*
b. *Addirittura!*
c. *È roba da matti!*
d. *Per forza!*

18 E adesso tocca a voi!

Per lo svolgimento di questa attività vedi quanto detto al punto 2 di ***Ricominciamo***.

In alternativa alla presente attività potete far svolgere la seguente assegnando i quattro ruoli sottostanti a coppie diverse. Dopo lo svolgimento del gioco dei ruoli, gli studenti che hanno interpretato la prima scenetta si incontreranno separatamente con quelli che hanno interpretato la seconda e racconteranno, lamentandosi della sempre più diffusa maleducazione, la discussione avuta.

Prima situazione

A

Lei abita in un appartamento con un bel terrazzo, che per rendere più accogliente, ha riempito di piante. Da qualche mese nell'appartamento accanto al Suo è venuta ad abitare una persona che ha due odiosissimi gatti. Le due bestie dal terrazzo confinante passano spesso nel Suo e, scavando nelle piante, le riempiono dei loro bisogni, spargendo la terra dappertutto. Non solo, diverse volte sono entrati anche nell'appartamento, cosa quest'ultima ancora più fastidiosa perché Lei, che suona il sassofono in un complesso musicale, soffre di asma allergico e la presenza di peli di gatto Le ha già provocato diverse crisi. Lei ha già parlato con il vicino che Le ha promesso di stare più attento, ma finora senza nessun risultato. Oggi però i due gattacci hanno passato ogni limite: sono entrati nella Sua cucina e uno di loro Le ha rubato il pesce che Lei aveva appena cucinato. Arrabbiatissimo suona adesso alla porta del vicino.

B

Da qualche mese Lei si è trasferito con i Suoi due gatti, Ulisse e Telemaco, in un appartamento con terrazzo. Nell'appartamento accanto al Suo abita un musicista che tutti i pomeriggi le rompe la testa (e Lei soffre spesso di emicrania!) con i suoi assoli di sassofono. Lei finora ha sopportato in silenzio perché purtroppo i Suoi gatti passano nel terrazzo del vicino e tirano fuori la terra dalle piante. Ieri sera però il Suo vicino ha passato ogni limite: ha fatto una festa e ha invitato gli altri musicisti del suo complesso. Fino alle tre Lei non è riuscito a chiudere occhio. Deciso a mettere le cose in chiaro una volta per tutte, sta per andare a lamentarsi, quando qualcuno suona alla Sua porta.

Seconda situazione

A
Lei lavora in un ufficio. Da un paio di settimane divide la Sua stanza con un nuovo impiegato / una nuova impiegata che, purtroppo per Lei, fuma. Non fuma spesso per fortuna, ma ogni volta che accende una di quelle sue maledette sigarette francesi poi bisogna aprire la finestra per mandare via la puzza. Lei è una persona tollerante e non ha niente contro i fumatori, ma che almeno Le chiedano se il fumo La disturba! Ecco che adesso il / la collega ha acceso un'altra sigaretta. È il momento di mettere le cose in chiaro, tanto più che Lei oggi ha un forte mal di testa e il fumo le dà più fastidio del solito, così si rivolge al Suo / alla Sua collega.

B
Da un paio di settimane Lei lavora in un ufficio. Il / La collega con cui divide la stanza usa un dopobarba / un profumo così forte che Lei ogni giorno ritorna a casa con il mal di testa. È possibile che non possa usare un prodotto meno penetrante? E poi ha anche il coraggio di guardarLa male ogni volta che Lei – come sta facendo in questo momento – si accende una sigaretta. Ecco che il Suo / la Sua collega adesso Le rivolge la parola. Magari ha da ridire sul fatto che Lei fuma.

19 Esercizio

Soluzione:
Cosa cambia?

Prima frase:
L'imperativo si trasforma nell'infinito preceduto dalla preposizione *di*.
Il presente diventa imperfetto.
Le due frasi vengono unite dalla congiunzione *perché*.

Seconda frase:
Il presente diventa imperfetto.

Terza frase:
Il periodo ipotetico al presente viene reso con il congiuntivo trapassato + il condizionale passato.
L'avverbio di luogo *qui* diventa *lì*.

Lettura (20)

Procedimento: Come spiegato al punto 3 di ***Ricominciamo***. Darete 3 minuti per la prima lettura.

Giunti a questo punto gli studenti dovrebbero limitarsi a leggere semplicemente un brano senza successive attività di comprensione o esercizi grammaticali. Tuttavia se le ritenete necessario potete far loro svolgere il sottostante esercizio lessicale.

Attività supplementare
Abbinate ai sostantivi le loro definizioni.

a. corpetto (r.4)	**1.** il più piccolo dito della mano
b. compitezza (r.5)	**2.** estraneo che si intromette in una situazione che non lo riguarda
c. facezia (r.7)	**3.** parte superiore di un abito femminile
d. intruso (r.9)	**4.** canale di metallo posto lungo il tetto per dirigere lo scorrimento dell'acqua piovana
e. mignolo (r.10)	**5.** cortesia, gentilezza
f. neo (r.11)	**6.** macchia scura della pelle
g. grondaia (r.17)	**7.** battuta divertente, gag

Soluzione:
a. *3* **b.** *5* **c.** *7* **d.** *2* **e.** *1* **f.** *6* **g.** *4*

E adesso tocca a voi! (21)

Soluzione:
Si tratta ovviamente di monsignor Giovanni Della Casa.

22 Test

a. *se mi sembrava quello il modo di rispondere.*
b. *che gli avevo telefonato tutto il giorno, ma che lui non era a casa.*
c. *che gli / le dispiaceva, ma che non capiva l'inglese perché non l'aveva studiato a scuola.*
d. *che il tedesco è una lingua difficile.*
e. *che, se il tempo fosse stato bello, avrebbero fatto un giro in bicicletta.*
f. *che avrebbe dovuto studiare di più.*
g. *di accompagnarlo / accompagnarla alla stazione.*
h. *di telefonare al meccanico e di chiedergli se la macchina era / fosse pronta.*
i. *che quell'estate avrebbero fatto un bel viaggio, se avessero avuto i soldi.*

LEZIONE 15

Come si dice computer in italiano?

Come già la prima lezione di questo libro, ***Ricominciamo***, anche la presente non contiene strutture grammaticali nuove. Si tratta della lezione conclusiva che vuole presentare allo studente, in tre dei suoi aspetti più interessanti e divertenti, l'argomento che finora li ha occupati: la lingua italiana.

Lingua orale

Situazione: Tommaso e Luca discutono della presenza di parole straniere nell'italiano d'oggi.

Principali intenzioni comunicative: Dare qualcosa per scontato. Esprimere il proprio disappunto. Esprimere la propria opinione. Contestare le ragioni dell'altro. Desistere.

Secondo ascolto: Un'intervista al professor Raffaele Simone.

Lingua scritta

Tipo di testi: Una lettera a *La Repubblica*. Un articolo di Luciano De Crescenzo. Una poesia di Totò in dialetto napoletano.

Elementi di civiltà: L'uso di parole straniere in italiano. L'italiano burocratico. La diffusione dei dialetti.

Per introdurre il primo argomento di questa lezione dite agli studenti di osservare le fotografie a pagina 193. Chiedete loro quali parole italiane potrebbero sostituire quelle straniere e perché, secondo loro, si ricorre così spesso a queste ultime.
Chiedete se l'uso di parole straniere ricorre con altrettanta frequenza nel loro paese.

Lettura 1

Procedimento: Il tipo di testo (una lunga elencazione di termini stranieri preceduti dal loro corrispettivo italiano) non consente lo svolgimento dell'attività secondo la tecnica raccomandata finora. Date quindi cinque minuti per leggere il testo e, riunendo poi gli studenti a coppie, fate svolgere loro l'esercizio successivo.

Anche per quanto riguarda la parola *amatori* il signor D'Amico ha ragione, si tratta infatti, nonostante all'apparenza sembri un sostantivo italianissimo, di un calco sul francese *amateur*. Il corrispettivo italiano è *dilettante*.

2 Esercizio

Soluzione:

a.

a. *3* **b.** *4* **c.** *1* **d.** *2*

b.

a. *4* **b.** *1* **c.** *2* **d.** *3*

3 E adesso tocca a voi!

Per lo svolgimento di questa attività vedi quanto detto al punto 2 di ***Ricominciamo.***

4 Questionario

Trascrizione del dialogo

Durata del brano: 3'25"

■ *Senti, hai visto ieri sera in televisione la tribuna politica?*

● *Sì, l'ho vista.*

■ *Ma hai notato niente sul linguaggio che usavano?*

● *Beh, il linguaggio dei politici.*

■ *Sì, il linguaggio dei politici, però alla normale mancanza di chiarezza adesso s'aggiunge anche quest'uso indegno, devo dire indecoroso, bruttissimo oltretutto esteticamente …*

● *Di che cosa?*

■ *Di parole ricavate e ricalcate sull'inglese del tipo supportare per esempio.*

● *Eh.*

■ *Sì, oppure, che ne so, proposizione invece di proposta.*

● *Eh. Be' va be'.*
■ *No! Ma che contribuisce a dare all'insieme quel carattere di linguaggio oscuro usato proprio per non far capire niente alle persone, cioè per parlarsi tra loro senza far capire niente al pubblico.*
● *Che fai come i francesi che vogliono eliminare le parole inglesi adesso? Soltanto le parole francesi.*
■ *A be' guarda secondo me quello comunque è un atteggiamento sano nei confronti della propria lingua.*
● *Mah, insomma, a me sembra un pochino nazionalistico, un pochino sciovinista come comportamento.*
■ *Ma no, perché guarda che qui c'è un conformismo del piacere del termine straniero per il puro piacere del termine straniero fine a se stesso. Ma che poi oltre che, oltre che usato in questi, in questi dibattiti, in questo tipo di linguaggio anche a sproposito fra l'altro perché proposizione al posto di proposta è proprio uno sproposito.*
● *E be' è un anglicismo.*
■ *E va be'. Però questo poi passa nell'uso comune. Tu senti la gente che parla e anche là dove ci sono dei termini italiani bellissimi, perfetti, allora la gente che parla dice: «Il mio target nella vita è raggiungere questo o quell'altro» anziché il mio scopo nella vita, il mio obiettivo, il mio … quello che sia. Oppure «Non ho un feeling col mio compagno».*
● *Eh, ma tu che faresti? Io questo voglio sapere.*
■ *Io sono e voglio rimanere un single.*
● *Va be', d'accordo, ma tu che cosa faresti? Come interverresti? Questo vorrei sapere.*
■ *No, ma, si può secondo me intervenire a livello di autorità, appunto, come hanno fatto in Francia. Naturalmente non impedendo di fatto l'uso di certi termini nelle conversazioni private. Però, se venisse impedito in pubblico per esempio sulla stampa, nei luoghi pubblici eccetera, automaticamente questo avrebbe un'influenza anche nel discorso privato.*
● *Sei sicuro?*
■ *Sì! Ah, sicuro. Sì perché questo modo pubblico di parlare incoraggia il modo privato.*
● *Ho capito. Senti, allora dimmi una cosa: computer tu come lo diresti in italiano?*
■ *No, computer forse è computer, adesso non lo so.*
● *Eh lo vedi.*
■ *A parte, ci sono elaboratore.*
● *Ma elaboratore elettronico è troppo lungo. Computer è una parola più corta.*
■ *Sì. Ma finché siamo a computer d'accordo, però scusa sigle, io sono single.*

- *Ma sì …*
- *Io vivo da solo. Io non ho un compagno.*
- *No, non è la stessa cosa. Quello che secondo me tu non capisci …*
- *Il meeting, eh il meeting. L'incontro, l'assemblea, ma ci son mille termini.*
- *Bah, onestamente io credo che queste parole restano nella lingua perché coprono uno spazio che le altre parole non hanno. Dire vivo da solo non è la stessa cosa che … single è una scelta, vivo da solo può essere anche una situazione a cui uno è costretto.*
- *No, allora vivo da solo per scelta.*
- *È troppo lungo!*
- *Ma no!*
- *È troppo lungo!*
- *No, no, no.*
- *Va be' senti lasciamo perdere perché tanto con te … non ti si convince. Non c'è niente da fare.*
- *Non ti si convince neanche a te, ma questo non significa che tu abbia ragione.*
- *Mah va be', ne riparliamo.*

Procedimento: Come indicato a pagina 12 di questa guida.

Soluzione:
a. *Per non essere capiti.*
b. *Si corre il rischio che la cattiva abitudine si diffonda anche a livello privato.*
c. *Proibire l'uso di certi termini sulla stampa e nei luoghi pubblici.*
d. *Perché hanno dei significati che le corrispondenti parole italiane non hanno.*

5 E adesso tocca a voi!

Qui è forse il caso di tentare una discussione in classe, dato che, facendo svolgere lo scambio di opinioni in coppie, se ne formeranno molto probabilmente alcune nelle quali gli studenti abbiano la stessa opinione e quindi non trovino niente su cui discutere.

6 Esercizio

Soluzione:
a. *shampoo* **b.** *cocktail* **c.** *toast* **d.** *zoom* **e.** *autogrill*

Dialogo 7

Situazione: Luca si mostra scandalizzato per l'uso eccessivo di parole inglesi in italiano.
Principali intenzioni comunicative: Dare qualcosa per scontato. Esprimere il proprio disappunto.
Procedimento: Secondo la tecnica indicata al punto 2 della lezione 1. Potete anche ricostruire il dialogo con la classe seguendo il procedimento descritto in appendice.

Esercizio 8

Soluzione:
a. *Sì, l'ho sentito.*
b. *Sì, me ne sono accorto.*
c. *Sì, me ne sono reso conto.*
d. *Sì, ci ho fatto caso.*
e. *Sì, ci ho pensato.*
f. *Sì, gliel'ho detto.*
g. *Sì, gliene ho parlato.*

Dettato 9

Situazione: Tommaso esprime la sua opinione sul perché della presenza di tante parole straniere nell'italiano di oggi.
Principali intenzioni comunicative: Esprimere la propria opinione. Contestare le ragioni dell'altro. Desistere.
Procedimento: Secondo la tecnica indicata al punto 10 della lezione 1.

Soluzione:
● *Onestamente io credo che queste parole restano nella lingua perché coprono uno spazio che le altre parole non hanno. Dire «vivo da solo» non è la stessa cosa che dire «sono single». Essere single è una scelta, vivere da solo può essere anche una situazione a cui uno è costretto.*
■ *No, allora «vivo da solo per scelta».*
● *È troppo lungo!*
■ *Ma no!*
● *È troppo lungo!*

■ *No, no, no.*
● *Va be', senti, lasciamo perdere tanto non ti si convince. Non c'è niente da fare.*

10 Lettura

Prima di dar inizio all'attività potete chiedere ai vostri studenti che cosa significa, secondo loro, la parola *burocratese*. Qualora non vi sappiano subito dire che si tratta di un linguaggio particolare, fategli notare il suffisso *-ese* e ricordate la sua presenza in termini che si riferiscono a una lingua, quali inglese, francese etc.
Potete ancora chiedere loro in che occasione ci si imbatte di solito nel linguaggio burocratico, raccogliendo gli esempi senza dilungarvi però troppo in una discussione, cosa che del resto è prevista al punto 13.
Fate osservare poi la foto accanto al titolo. Chiedete agli studenti che cosa può voler dire la scritta facendo far loro delle ipotesi.
Se non dovessero arrivare alla soluzione, non anticipatela, ma dite che, per scoprire cosa significa, dovranno leggere l'articolo. Procedete poi nel modo indicato al punto 3 di ***Ricominciamo*** dando 8 minuti per la prima lettura.

Soluzione:
a. *Perché possedevano la conoscenza.*
b. *Non facendosi capire.*
c. *Di aver divulgato i segreti della setta.*
d. *Perché l'incomprensibilità conferisce potere.*
e. *L'uso del termine «aeromobile» invece di «aereo»; il fatto che nei giorni del colera a Napoli il telegiornale chiamasse le «cozze» con il nome, sconosciuto alla maggior parte dei napoletani, di «mitili»; l'uso del termine «temperatura corporea» per «febbre»; e infine la definizione che compare in un cartello nella romana Piazza di Spagna di «auto pubbliche a trazione ippica» per le «carrozzelle».*

La forma *che ... a fare* è senz'altro un meridionalismo ormai però estremamente diffuso, se non altro per la sua proprietà semantica di segnalare nell'ascoltatore l'inutilità dell'azione che chi pone la domanda sta evidenziando. Se nell'esempio che precede l'esercizio sostituiamo la forma in questione con il «più italiano» *perché li lavi?* otteniamo una domanda del tutto uguale a quella che porrebbe chi volesse sapere veramente perché la persona lava i vetri, al punto che si potrebbe candidamente rispondere *perché sono sporchi.* Con la domanda *che li lavi a fare?* si segnala invece subito l'inutilità dell'azione, e ad essa segue immediatamente l'informazione sull'avvenimento che vanifica il comportamento o la decisione della persona a cui la domanda è diretta.

Esercizio 11

Soluzione:

a. *Che lo prendi a fare?*
b. *Che la prendiamo a fare?*
c. *Che glielo regaliamo a fare?*
d. *Che lo prendi a fare?*
e. *Che mi siedo a fare?*
f. *Che ci vai a fare?*

Esercizio 12

Il testo della foto in alto a sinistra non è facilmente leggibile. Lo riportiamo qui di seguito. Potrete trasferirlo su lucido o fotocopiarlo.

> *IL PARCHEGGIO GRATUITO PER I CLIENTI DEL SUPERMERCATO*
>
> *Il parcheggio dei veicoli in quest'area aperto solo nelle ore di vendita non comporta l'assunzione in custodia degli stessi da parte della SOCIETA' GENERALE SUPERMERCATI che non risponde degli eventuali furti o danneggiamenti.*
>
> *Il parcheggio è riservato esclusivamente alle autovetture dei Sig. Clienti.*
>
> *È severamente vietato l'accesso agli estranei.*

Con il termina *frontista* si intende nel linguaggio giuridico chi possiede un immobile situato lungo una strada o un corso d'acqua.

Attività supplementare

a. Leggete il testo stampato sul biglietto dell'autobus a p. 198 del libro di testo e poi rispondete alle domande.

- Come si chiama la macchinetta dove, in autobus, bisogna mettere il biglietto?
- Come si chiama un viaggio in autobus?
- Come si chiama la serie di numeri e di lettere che la macchinetta stampa sul biglietto?
- Quale altra parola si usa nel testo per autobus?
- Con quale espressione si dice nel testo che non è permesso dare il biglietto a un'altra persona?

b. Riscrivete il testo in italiano comune con l'aiuto delle frasi riportate nel riquadro.

quando si sale sull'autobus.	dopo averlo timbrato
Il biglietto vale se è stato timbrato	Bisogna subito timbrare il biglietto
su tutti gli autobus	non si può dare ad altre persone
quando lo chiedono ai passeggeri.	e deve essere mostrato ai controllori
dal momento in cui è stato timbrato.	più volte
con la macchinetta che si trova nell'autobus;	È possibile utilizzare il biglietto
	per 60 minuti

Soluzione:
obliteratrice – corsa – convalida – vettura – non è cedibile

E adesso tocca a voi! (13)

Anche in questo caso provate a far svolgere l'attività in plenum.

Ascolto (14)

Trascrizione dell'intervista
Durata del brano: 3'53"

G. = giornalista
S. = Raffaele Simone

G. – Professore, parliamo dei dialetti, del ruolo dei dialetti in Italia.

S. – C'è una curva nell'uso dei dialetti. I dialetti sono stati preponderanti fino agli anni '50. Per moltissimi italiani erano l'unica lingua conosciuta. Oggi sembra, da una serie di rilevazioni fatte in parte dalla Doxa e in parte dall'Istat, che l'italiano si stia diffondendo sempre di più come lingua unica, cioè che ci siano sempre più italiani che conoscono solo l'italiano, non conoscono un dialetto, non hanno mai imparato un dialetto, e che dall'altro lato cresca il numero delle persone che oltre al dialetto sanno parlare anche l'italiano, quindi, come diciamo noi gergalmente, l'italofonia, cioè la capacità di parlare italiano, sembrerebbe star crescendo a danno dei dialetti. Questo dicono le rivelazioni statistiche; però le rilevazioni statistiche si basano su confessioni degli intervistati: si chiede a una persona «che lingua parli?» e quella risponde ciò che le pare, quindi è un'autovalutazione. Se noi superiamo l'autovalutazione – che spesso spinge le persone a dire una cosa un po' diversa da quella che è vera – e andiamo un po' in giro a guardare, io credo invece che i dialetti, specialmente in alcune zone, siano ancora fortissimi come lingua unica, cioè che ci siano molti parlanti dialetto che non sanno l'italiano. Questo succede tipicamente nelle regioni meridionali – dobbiamo dirlo – e qui la televisione è uno straordinario mezzo di osservazione perché molte trasmissioni in cui si va intervistando gente per la strada sui fatti più diversi, per lo più su fatti drammatici, rivelano che molte persone non sanno una sola parola d'italiano. Per altro c'è una sopravvivenza interessante dei dialetti in aree colte, come Venezia, come Milano, come Napoli, zone dove il dialetto viene elaborato anche in forma colta e può essere adoperato insieme all'italiano per esprimere determinati contenuti. Io credo che questo secondo caso sia il più interessante e sia quello a cui bisogna tentare di arrivare, cioè un modello in cui si conserva il dialetto per certi usi particolari, ma accanto a quello si sviluppa anche la conoscenza dell'italiano. Però quello è il punto di arrivo di un grande processo di educazione popolare che in questo momento non mi pare possa avere grande speranza di fortuna.

G. – *Professore, un'ultima domanda, nel 2000 l'italiano come parlerà? Noi come parleremo?*

S. – *L'italiano farebbe bene nel 2000 a sbrigarsi a imparare l'italiano. Tutti gli italiani dovrebbero far questo. E oltre che parlare l'italiano dovrebbero – dovremmo – sbrigarci a imparare tutti sul serio almeno una, meglio due lingue straniere perché l'italiano non ha un futuro da lingua internazionale, questo ormai lo sappiamo. Però abbiamo un futuro di lingua di secondo livello, quindi in una parte notevole d'Europa, se non la prima lingua, l'italiano potrebbe essere la seconda. Sto pensando a un'epoca in cui tutti gli europei istruiti parlassero per esempio tre lingue, ecco. Noi abbiamo qualche buona speranza di diventare lingua di secondo livello un po' per il contributo della nostra emigrazione, che ha avuto anche questo importante carattere di essere elemento di diffusione linguistica e culturale sia pure indiretto, e un po' per il contributo della nostra cultura la quale, grazie a Dio, in un paese curioso e bizzarro come il nostro per molti aspetti fa il suo mestiere facendosi conoscere, facendosi rispettare tante volte più all'estero che in Italia.*

Soluzione:

a. *Risulta che l'italiano si sta diffondendo sempre di più come lingua unica, cioè che ci sono sempre più italiani che conoscono solo l'italiano e che non hanno mai imparato un dialetto.*
b. *Perché le rilevazioni statistiche si basano su confessioni degli intervistati e quindi se si chiede a una persona che lingua parla, quella risponde ciò che le pare.*
c. *Nelle regioni meridionali.*
d. *Il dialetto viene elaborato anche in forma colta e viene adoperato insieme all'italiano per esprimere determinati contenuti.*
e. *Innanzitutto imparare bene l'italiano e poi una seconda lingua.*

15 E adesso tocca a voi!

Anche in questo caso provate a far svolgere l'attività in plenum.

Lettura 16

Ovviamente in questo caso non sarà possibile svolgere l'attività come fin qui raccomandato. Riunirete perciò subito gli studenti in coppie e dopo il minuto che assegnerete per la lettura, farete svolgere loro l'esercizio successivo.

Un procedimento alternativo può essere il seguente:
Fotocopiate la poesia e distribuitela agli studenti chiedendo loro, dopo aver assegnato un minuto per la lettura, di sottolineare tutte le parole dialettali che credono di capire.
Fatevi quindi dire quelli che gli studenti ritengono essere i significati italiani e trascriveteli alla lavagna.
Formate ora delle coppie e fate loro svolgere l'esercizio 17.

Esercizio 17

Se fossi un uccello ogni mattina
vorrei cantare
sulla tua finestra:
«Buongiorno amore mio, buongiorno amore!»
E poi vorrei saltare sui capelli
e piano piano, come una carezza,
con questo beccuccio così piccolo,
ti mangerei di baci a pizzicotti …
se fossi un canarino o un cardellino.

Con il vezzeggiativo *-uccio* che compare in questa poesia del grande Totò il panorama dei suffissi, pure non completo, riceve un altro interessante elemento. Non dimenticate di segnalarlo per chiudere in bellezza il corso.

APPENDICE

Procedimenti alternativi

Ricominciamo!, 1 Ascolto

Ascolto quiz

Una tecnica alternativa, che chiameremo *Ascolto quiz* secondo la definizione stabilita alla Di.L.It. International House di Roma dove questa tecnica è stata elaborata, può essere la seguente.
Una volta svolto il primo ascolto dividete la classe, qualora questa si componga di almeno sei partecipanti, in due gruppi all'interno di ognuno dei quali gli studenti confronteranno quanto hanno capito. Fate riascoltare il brano ancora due volte, ricordando che ad ogni nuovo ascolto deve seguire uno scambio di informazioni sempre e soltanto all'interno di ognuno dei due gruppi. Dopo il terzo ascolto dite agli studenti di scegliere due delle informazioni su Andrea, delle quali sono in possesso, e di trasformarle in domande. Darete voi l'esempio trascrivendo alla lavagna la frase di presentazione dell'attività di ascolto (Andrea Boscagli da alcuni anni si è trasferito in Germania) e trasformandola poi in tutte le domande che il suo contenuto rende possibili.

Come si chiama Andrea di cognome?
Dove si è trasferito?
Da quanto tempo si è trasferito?

Date tre minuti per lo svolgimento della suddetta attività, alla fine dei quali fate ascoltare ancora una volta il brano.
Dite adesso ai vostri studenti di confrontare le domande che hanno scritto e di sceglierne tante quante loro (gli studenti) sono, lasciandone magari un paio di riserva. Dite che dovranno scrivere le domande su un foglio facendo attenzione che la grammatica sia corretta. Per questa attività darete da un minimo di due a un massimo di cinque minuti a seconda ovviamente del numero di domande. La scelta dei tempi per ogni attività dipende comunque da voi, dato che sarete voi a decidere in base ai ritmi della vostra classe. È importante però che gli studenti si abituino a svolgere le loro attività in classe in tempi stabiliti. Una volta scaduto il tempo assegnato direte ai due gruppi di scegliersi un nome di battaglia (che può essere per esempio quello di una squadra di calcio, di una città, etc.) perché ora dovranno affrontarsi in una gara nella quale ogni gruppo dovrà

rispondere alle domande dell'altro. Stabiliti i nomi, che voi scriverete uno accanto all'altro ma separati da una linea verticale che taglierà tutta la lavagna, presenterete le sottostanti regole del gioco da voi copiate precedentemente su un lucido o sul retro della lavagna.

Regolamento

I. Ogni domanda deve essere letta pronunciandola correttamente e ad alta voce. La domanda può essere ripetuta un massimo di due volte.

II. Una volta ascoltata la domanda gli studenti della squadra che deve rispondere hanno un minuto di tempo per decidere se la grammatica della domanda è corretta. Se la grammatica non è corretta e gli studenti trovano l'errore, la loro squadra guadagna un punto.

III. Dopo che la squadra si è consultata ancora per un minuto, lo studente al quale la domanda è stata posta deve rispondere in modo forte e chiaro, ripetendo, se necessario, la risposta un massimo di due volte. Se il contenuto della risposta è corretto la squadra guadagna un punto. Prima di rispondere, la squadra cui è stata posta la domanda può ascoltare ancora una volta l'intero brano registrato.

IV. Vince la squadra che ottiene più punti.

Darete avvio al gioco lanciando in aria una moneta e seguendo, per lo scambio delle domande e delle risposte, lo schema sottostante.

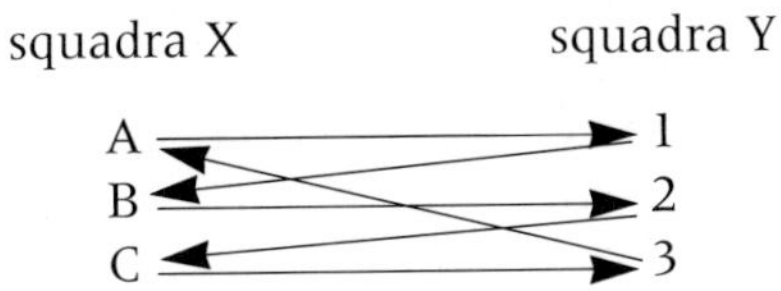

Come si vede lo studente A pone una domanda allo studente 1 il quale dopo aver risposto ne pone un'altra allo studente B. L'ultima domanda sarà quella dello studente 3 allo studente A.

Ricordate che essendo le domande tante quanti sono gli studenti ognuno dovrà leggerne una e, dopo essersi consultato con gli altri, dare una risposta alle domande dell'altra squadra. Le domande che avrete fatto scrivere in più serviranno da riserva, essendo molto probabile che nelle due serie di domande ce ne sarà qualcuna comune alle due squadre. Se volete potete correggere la grammatica delle risposte che una squadra darà all'altra, in questo caso però non assegnerete né toglierete punti. È importante che la grammatica delle domande sia corretta, non quella delle risposte, per fornire le quali del resto gli studenti hanno avuto un solo minuto.

Il vostro compito sarà ovviamente quello dell'arbitro, dovrete dunque essere imparziali e, dove è necessario, anche rigidi.
Avverrà con molta probabilità che non sempre una squadra individuerà gli errori grammaticali nelle domande dell'altra e che ne accetterà quindi la forma. In questo caso interverrete fornendo voi la forma corretta. Una volta che una squadra abbia fornito una risposta, chiederete ai membri dell'altra squadra se accettano tale risposta, concededendo loro, qualora non siano d'accordo, un minuto di tempo per consultarsi. Se la risposta sarà accettata, assegnerete il punto anche nel caso in cui essa sia sbagliata. Solo in seguito interverrete fornendo voi la risposta esatta. Ricordate infine che essendo questa attività un gioco, è consentito bluffare. Si possono porre cioè anche domande per le quali non esiste una risposta. Sarà compito degli studenti scoprire il bluff. Se ci riusciranno riceveranno il punto come se avessero risposto correttamente.

Lezione 1, (7) dialogo

La *ricostruzione di conversazione* che qui presentiamo è una tecnica nata e sviluppata alla Di.L.It. di Roma. Ne abbiamo già parlato nel manuale dell'insegnante di ***Linea diretta 1***, ragione questa per la quale la breve presentazione che ne facciamo, prima di passare all'illustrazione del procedimento, può essere saltata da chi ci ha seguito nel corso del primo volume ed è già a conoscenza delle motivazioni che sottendono questa tecnica e dei fini didattici che essa si propone.

I dialoghi che compaiono in questo libro possono essere presentati nel modo indicato al punto 2 della lezione 1, facendo cioè ascoltare gli enunciati che li compongono e chiedendo alla classe di riconoscerli e di ripeterli, oppure portando gli studenti a costruire le battute così come sono state formulate dagli speaker. Si tratta cioè di un procedimento completamente diverso, in cui invece dell'orecchio sono chiamate in causa le capacità logiche e le conoscenze grammaticali degli studenti. Compito dell'insegnante è quello di fornire i parametri funzionali e grammaticali di ogni enunciato in modo che lo studente, in base alle conoscenze linguistiche fino a quel momento acquisite, provi la sua competenza comunica-

tiva e, corretto dall'insegnante quando sbaglia, la migliori. Diamo un esempio ricorrendo alle prime due battute del dialogo al punto 2 di questa stessa lezione. Vogliamo che lo studente ci fornisca la frase *«Allora, Guido, com'era quella storia che stavi raccontando ieri?»*, e successivamente *«Quale? Quella del gioielliere?»*
Dopo aver schizzato due figure alla lavagna a cui daremo i nomi di Marina e Guido diremo, indicando la prima, che la donna richiama con una parola l'attenzione dell'amico. Gli studenti vi diranno probabilmente *«Senti»*, forma che si correggerà in *allora*, spiegando che è questa di solito la parola con la quale ci si rivolge a qualcuno quando si voglia conoscere la continuazione di una storia di cui ci si è persi il finale o si voglia riprendere un argomento che non si è riusciti a trattare interamente.
Si ricorderà poi agli studenti che Marina non ha potuto sentire fino alla fine il racconto di Guido e si chiederà loro di formulare la domanda conseguente. Basterà ottenere l'enunciato *«Com'era la storia?»* per avere l'intera frase: sarà sufficiente chiedere agli studenti di completare la domanda aggiungendo il verbo *raccontare*. Se gli studenti, come è probabile, coniugheranno il verbo al passato prossimo anziché all'imperfetto, l'insegnante li correggerà spiegando le ragioni per le quali è necessaria quella forma di passato.
Una volta ottenuta l'intera battuta e dopo averla fatta ripetere da ogni studente, controllando anche la correttezza dell'intonazione, si passerà alla costruzione della risposta di Guido. Si dirà che Guido ha raccontato ieri diverse storie, così da ottenere la domanda *«Quale?»*. Si chiederà poi alla classe di quale storia si tratta e, ottenuta la risposta, si chiederà di formulare l'intera domanda.

Come si vede da queste pur sommarie indicazioni, il procedimento consiste non nel presentare un dialogo e nello spiegarne poi le regole morfosintattiche in esso presenti, bensì nello spiegare le regole man mano che si avanza nella costruzione o meglio nella *ricostruzione* (visto che il dialogo è stato già una volta costruito spontaneamente dallo speaker) delle battute. Un'attività di questo tipo richiede ovviamente uno sforzo maggiore e un'analisi approfondita del dialogo che si voglia ricostruire con la classe. Nei procedimenti che suggeriamo ci siamo sforzati di fornire le indicazioni più dettagliate, immaginate queste ultime anche in base alle probabili risposte di una classe standard alle sollecitazioni dell'insegnante. È ovvio che ogni procedimento riceve nella verifica la conferma della propria efficacia e che può essere semplificato e arricchito in base alla sensibilità e all'abilità dell'insegnante.

Procedimento
Riproducete innanzitutto su un lucido l'illustrazione di pagina 18 o, se col disegno ve la cavate un poco, schizzate alla lavagna una figura maschile vestita e acconciata allo stesso modo. Dite alla classe che Guido sta descrivendo se stesso, così da arrivare all'enunciato «*Avevo un giaccone blu da marinaio con il collo alzato*». Chiedete adesso «*Quando Guido era vestito così?*» in modo da ottenere un'indicazione temporale che sarà forse *allora* e che voi correggerete in *quel giorno*. Ottenuta la frase «*Io quel giorno avevo un giaccone blu da marinaio*» dite che il giaccone era vecchio e rotto oppure, se state lavorando con lo schizzo da voi eseguito, aggiungete al disegno una toppa. Domandate «*Come era vestito Guido?*», «*Male*» sarà la risposta. Chiedete che vi forniscano il contrario di *male* in modo da avere la frase negativa «*Non ero vestito bene*» alla quale chiederete che vi aggiungano l'avverbio che voi mimerete. Chiedete di spostare l'enunciato appena ottenuto in testa alla frase. Avrete così «*Io quel giorno non ero vestito molto bene. Avevo un giaccone blu da marinaio con il collo alzato*». Chiedete alla classe una congiunzione fra i due periodi e otterrete *perché*. La locuzione *Tra l'altro* è necessaria quando si vogliano aggiungere particolari. Richiedetela in questo modo, dicendo appunto che Guido vuole aggiungere particolari. Gli studenti che abbiano frequentato un corso con ***Linea diretta 1*** conoscono *inoltre* già dalla sesta e dalla settima lezione. Si tratterà allora, una volta che abbiate ottenuto la suddetta congiunzione, di fornire voi l'analoga locuzione usata da Guido. Alla battuta manca adesso soltanto *Oh* (con la vocale aperta), un'interiezione che fornirete voi, avvertendo però che il suo uso è quello di richiamare l'attenzione di chi ascolta quando si voglia aggiungere a quanto si sta esprimendo o raccontando un elemento di grande importanza.
Marina sta semplicemente ascoltando, ma se tacesse del tutto darebbe l'impressione di essere distratta, per questo deve dimostrare la sua attenzione non con delle parole ma con dei semplici suoni. Assumendo il ruolo di Marina vi basterà muovere il capo in modo affermativo e chiedere alla classe cosa si dice in questo caso volendo significare «*Ti sto ascoltando. Ti ho capito. Continua*».
Per ottenere la terza battuta vi basterà indicare il particolare del disegno (del libro o vostro) o ricorrere a un pochino di mimica. Il successivo commento di Marina dovrà mostrare attenzione e preoccupazione. Anche in questo caso vi aiuterà la mimica: uno sguardo preoccupato, il portare entrambe le mani davanti alla bocca, o il mordersi il labbro inferiore con i denti superiori.
Dite adesso che Guido continua la descrizione. Indicate i capelli e, assumendo un'espressione schifata, cercate di ottenere l'aggettivo *sporchi*.

Chiedete di fornirvi la parola di significato opposto in modo da avere la frase *«Avevo i capelli non puliti»*. Chiederete quindi di omettere il verbo e di aggiungere un avverbio prima dell'aggettivo, aggiunta indispensabile per ottenere una frase corretta. Per avere *«sporchi, se vuoi»* basterà che chiediate cosa significa «veramente» *non puliti*. Una volta che vi abbiano detto *sporchi* pronuncerete l'intero enunciato *«I capelli non proprio puliti, sporchi ...»* accompagnando l'ultima parola con il gesto della mano o delle mani e con il cenno della testa di chi, parlando con qualcuno, faccia al proprio interlocutore una concessione. Qualora non otteniate la risposta che vi aspettate, direte che Guido, accennando a Marina, usa il verbo *volere*.
Indicate adesso gli occhiali da sole. È probabile che qualcuno vi dirà *«Avevo gli occhiali da sole»*. Domandate dove, così da ottenere *sul naso*, e chiedete che la frase vi venga formulata non con il verbo *avere*, ma con il verbo *essere*. Per ottenere la locuzione *fra l'altro* farete riferimento a quanto detto sopra.
Il commento di Marina sarà stavolta drammatico. Ricorrete alla mimica e se non avrete *Oh, no!* otterrete comunque qualche esclamazione analoga. Gli studenti conoscono il seguito della storia. Chiedete loro che cosa ha fatto il gioielliere. *«Ha preso una pistola»* vi diranno. *«Perché?»* domanderete voi. *«Perché ha pensato che Guido era un ladro»* dirà chi conosce quest'ultimo sostantivo. Forse invece vi diranno *bandito*. Sarete voi comunque a fornire la parola *rapinatore*. *«Dunque* – direte – *il gioielliere ha pensato a una rapina. E questo vi sembra strano?»*. Cercate di ottenere *è chiaro* come il contrario di *è strano* in modo di arrivare alla frase *«È chiaro che il gioielliere ha pensato ...»* Per ottenere *allora* direte che Guido vuole concludere; per *naturalmente* direte che occorre un rafforzativo di *è chiaro*; e per *quello* chiederete un dimostrativo al posto del sostantivo il gioielliere. Manca adesso soltanto la conclusione di Marina. Gli studenti spontaneamente completeranno la frase di Guido dicendo *« ... che tu eri un ladro / rapinatore»*. Dite loro che Marina usa invece il verbo *prendere per* e avrete l'ultima battuta.

Lezione 3, ② Dialogo

Riproducete su un lucido il disegno di pagina 40 avendo cura di cancellare quanto scritto nei fumetti, oppure schizzate le due figure alla lavagna. Indicate che la prima a parlare è la centralinista. Lavorando alla Infotec e rispondendo al telefono non potrà che dare una risposta. Sarà ancora facilissimo costruire la battuta del signor Lipari. Direte che innanzitutto

saluta e che poi formula cortesemente la sua richiesta. Anche la risposta della centralinista è telegrafica: innanzitutto informa il suo interlocutore dell'assenza dell'ingegnere (correggerete la probabile frase *«L'ingegnere non c'è»* che vi fornirà la classe) e poi chiede quello che di solito si domanda quando qualcuno con cui si vuole parlare sia assente.
La classe sa che il signor Lipari non accoglie la proposta della centralinista. *«Perché non lascia un messaggio?»* domanderete. *«Perché vuole parlare personalmente con l'ingegnere»* vi si risponderà. Per ottenere *guardi* direte che l'uomo richiama l'attenzione della centralinista prima di fornirle la motivazione del suo rifiuto di lasciare un messaggio. Basterà che indichiate gli occhi per ottenere il verbo *guardare*. La forma è del resto conosciuta già da ***Linea diretta 1***. Gli studenti sanno che Antonio Lipari continua il dialogo con la segretaria dell'ingegnere, la signorina Puglisi. *«Cosa fa a questo punto la centralinista?»* domanderete. La risposta della classe *«Gli passa la segretaria»* espressa alla prima persona sarà la battuta della centralinista. Per ottenere gli ultimi due enunciati basterà un cenno di assenso per la battuta del signor Puglisi e un gesto che indichi l'attesa per quella della centralinista.

Lezione 4, (2) Dialogo

Qualora insegniate in una classe formata da discenti che parlino tutti la stessa lingua vi proponiamo l'attività riportata nella pagina seguente. Le indicazioni qui fornite in italiano dovranno essere tradotte nella lingua degli studenti. Assegnerete ad essi quindici minuti per svolgere l'attività, permettendo loro eventualmente l'uso del vocabolario bilingue. Alla fine dei quindici minuti avvierete il registratore e, dopo un ascolto intero, farete riascoltare il dialogo fermandovi alla fine di ogni enunciato secondo il procedimento ormai collaudato e descritto al punto 2 della lezione 1. Alla fine gli studenti confronteranno la loro versione con quella del libro.

Richiama l'attenzione dell'amico. Lo informa della sua partenza il giorno seguente per Bologna. Gli chiede con estremo tatto il libro in prestito.

■ ______________________________

____

____

Esitante si dichiara disposto a prestargli il libro. Si sincera che l'amico voglia precisamente quello.

● ______________________________

____

____

Risponde affermativamente e spiega la ragione: tempo fa ha letto una recensione che gli ha fatto venire il desiderio di leggere il libro. Per questo ha pensato di chiederglielo in prestito. Avverte che sa che Alessandro è geloso dei suoi libri.

■ ______________________________

____

____

____

____

Nega. Ammette. Acconsente a prestare il libro. Chiede quando il libro gli verrà restituito.

● ______________________________

____

____

Risponde che il giorno seguente partirà per Bologna, che ritornerà dopo tre giorni e che la sera stessa del ritorno gli renderà il libro.

■ ______________________________

____

____

____

Lezione 4, (16) Ascolto

La tecnica che ci disponiamo a illustrare e che, secondo la definizione proposta dalla Di.L.It. di Roma dove è stata elaborata, chiameremo *dettato puzzle*, è stata già presentata nella guida per l'insegnante di ***Linea diretta 1***. Le indicazioni che seguono possono perciò essere saltate da chi abbia già dimestichezza con essa.
Svolgerete questa attività in un momento della lezione, successivo all'ascolto con socializzazione; possibilmente dopo il punto 20 e prima del test che conclude la lezione. Farete ascoltare una volta alla classe il brano di cui qui sotto riportiamo la trascrizione.

Eh sì, purtroppo è così. Mi dispiace che stiamo mettendo in luce soltanto aspetti negativi del nostro bizzarro paese. Però quello che Lei dice è vero. L'italiano medio legge poco, l'Italia è l'unico paese, credo, al mondo in cui esistano dei quotidiani sportivi, che non sono certamente scuole di cultura, e l'Istat ha scoperto, l'istituto centrale di statistica, ha scoperto qualche anno fa che su 100 italiani 22 soltanto hanno almeno un libro a casa.

Scriverete quindi nell'angolo superiore sinistro della lavagna le due parole con cui il brano inizia (*Eh sì*), e in quello inferiore destro le due con le quali finisce (*a casa*). Direte quindi ai vostri studenti che ascolteranno di nuovo molte volte il brano e che al tempo stesso dovranno scrivere quello che il professor Simone dice. «Naturalmente – direte – il registratore non si fermerà ad aspettare che voi scriviate ogni parola. E allora dovrete scrivere in questo modo» e a questo punto traccerete delle brevi linee alla lavagna, così come indicato qui sotto, spiegando che ogni linea rappresenta una parola.

Eh si, __________ __________ __________

__________ __________

«Dopo un primo ascolto – direte ancora – scriverete forse la prima parola e poi forse la quinta e poi forse la nona e poi forse la dodicesima. Quindi, dopo che avrete ascoltato una seconda volta, scriverete forse anche la seconda parola e poi forse la sesta e forse ancora la quindicesima.» «Più volte ascolterete – spiegherete – alla classe, più parole avrete; e alla fine confronterete con gli altri quanto avrete scritto.»
Più che le descrizioni astratte varrà l'esempio; darete quindi il tempo ai vostri studenti di aprire il quaderno su una pagina bianca e farete partire il registratore. Fate ascoltare l'intero brano sei sette volte e, ad ascolti ultimati, formate delle coppie di studenti che confronteranno fra loro quanto scritto.

Ad ogni nuovo ascolto cambierete le coppie, in modo che alla fine ogni studente abbia confrontato con tutti gli altri studenti della classe. È possibile che alla fine degli ascolti nessuno abbia ancora il testo completo. Dite allora che dove non è arrivato l'orecchio dovranno arrivare le conoscenze grammaticali e le capacità deduttive. «Se siete sicuri di avere capito un sostantivo – direte – e non riuscite a capire qual è la parola che lo precede, è molto probabile che questa sia un articolo. Se invece la parola che non riuscite a capire è quella che segue, è probabile che si tratti di un aggettivo o di un verbo.» Come in un puzzle i vostri studenti dovranno lavorare di fantasia partendo da diversi agglomerati di parole, esattamente come avviene in un puzzle dove ci si muove in tutte le direzioni partendo da diversi agglomerati di tessere; e esattamente come in un puzzle gli studenti dovranno presumere le parole mancanti senza combinare fra loro forme grammaticalmente (e logicamente) non combinabili.
Quando la serie di ascolti sarà finita e tutti gli studenti avranno confrontato fra loro, fatevi dettare il testo, e ogni volta che in esso ci sarà una lacuna, prima di dare voi la parola, cercate di portare la classe a «trovare» la parola se questa è conosciuta, oppure spiegatene la funzione se la parola è ignota. Per esempio se i vostri studenti all'inizio del brano avessero capito: «Mi dispiace che stiamo ... in luce ... », ricordate loro l'esistenza del presente cosidetto progressivo e chiedete quindi quale modo verbale segue, in questa forma, il presente del verbo *stare*. Se invece poco più avanti la classe non avesse capito l'aggettivo *bizzarro*, che è parola nuova e che alla fine probabilmente darete voi, cercate per prima cosa di far identificare la parola da un punto di vista grammaticale chiedendo agli studenti che cosa può seguire un aggettivo possessivo e precedere un sostantivo. Insomma, anche qui quello che ci si propone è portare lo studente a ragionare in modo che arrivi alla regola grammaticale sentendone, attraverso il ragionamento, l'esigenza.
Non tutte le parole del brano sono conosciute dagli studenti; permetterete perciò loro l'uso del dizionario.
Nel brano compare anche un congiuntivo (*esistano*); una prima spiegazione di questo punto grammaticale compare nella lezione 6; non sarà perciò il caso di anticiparla qui; informate semplicemente la classe che si tratta di un modo verbale spesso necessario quando si voglia esprimere un'opinione.

Lezione 9, ④ Dialogo

Chiedete inannzitutto agli studenti cosa domanda Caterina a Marcello dopo il rifiuto dell'amico di accompagnarla al ristorante. Dite che nella domanda è presente il sostantivo *problemi* e otterrete facilmente la frase. Per la risposta di Marcello proiettate l'immagine di pagina 119 che avrete riprodotto su un lucido. Assumete il ruolo di Marcello e indicandovi gli occhi chiedete a quale verbo il gesto si riferisce. Ottenuto *Guarda* e, ancora un gesto, l'avverbio *qui*, indicatevi lo stomaco (che magari gonfierete un po') chiedendo come si chiama la parte del corpo indicata. Darete voi con ogni probabilità il sostantivo *pancia* che chiederete agli studenti di ingentilire con un diminutivo e con un aggettivo che ne evidenzi l'estetica. In questo modo otterrete probabilmente la frase *Guarda qui la bella pancetta* alla quale chiederete di aggiungere il verbo *avere* preceduto da un pronome relativo. Quando avrete *Guarda qui la bella pancetta che ho,* domanderete quale altra parola si potrebbe usare al posto di *la,* e darete voi il *che* qualora nessuno sia in grado di fornirvi la risposta. Indicate a questo punto il disegno. Qualcuno vi dirà *come un prete.* Dite che, per la comparazione, invece della congiunzione *come* volete un verbo, così che otterrete *sembro un prete.* «*Che prete?*» chiederete indicando la campagna raffigurata nel disegno. Dite a questo punto che Marcello fa sempre le cose più grandi di quello che sono, chiedendo quale verbo ha, appunto, questo significato. Ottenuto *esagerare,* dite che il verbo è nella risposta di Caterina espresso all'imperativo negativo e preceduto da un esortazione (il *dai* dovrebbe essere a questo punto conosciutissimo). Come gli studenti sanno, Marcello declina l'invito e voi, scuotendo la testa, otterrete i due *no* necessari al rifiuto. Dite poi che Marcello richiama l'attenzione di Caterina non con il verbo *sentire* ma con il verbo *guardare* (ed avrete *guarda*). Dite ancora che Marcello ringrazia (*io ti ringrazio*) e che alla fine promette. Gli studenti conoscono la promessa di Marcello avendo ascoltato il dialogo iniziale. Otterrete così forse un enuciato del tipo *io verrò con te al ristorante un'altra volta* nel quale chiederete di sostituire *venire* con *andare* e la prima persona singolare del verbo con la prima plurale. Ottenuto *Noi andremo al ristorante un'altra volta* chiederete di invertire la posizione del verbo con quella del sostantivo ricordando alla classe (o informandola) che quando il complemento precede il verbo, il primo deve essere presente anche come pronome. «*Un'altra volta* – direte – *non è un momento preciso. Cosa domanda a questo punto Caterina?*». Otterrete la congiunzione *quando* che, direte, prima di essere pronunciata da Caterina viene detta da Marcello e ripresa con enfasi da Caterina «*Ma quando?*».

Per ottenere l'ultima frase chiedete alla classe in che periodo dell'anno si comincia di solito una dieta. Sarà difficile che nessuno vi dica che una dieta si fa in vista dell'estate e che quindi si finisce proprio con la fine dell'estate. Dite allora che nella risposta di Marcello oltre alla congiunzione *quando* sono presenti il sostantivo *estate* e il verbo *finire*. Correggerete le probabili frasi *Quando l'estate è finita* o *Quando l'estate finirà* (che fra l'altro non possono considerarsi sbagliate) con la frase pronunciata da Marcello alla quale, una volta ascoltato il dialogo registrato, seguirà la spiegazione del futuro anteriore.

Lezione 11, (7) Dialogo

Schizzate come sempre due figure alla lavagna, quindi, indicando il signor Monti dite che innanzitutto saluta e che poi richiama l'attenzione del portiere. Chiedete adesso alla classe cosa è successo e, quando avrete ottenuto «*C'è stato un furto al terzo piano*», domandate «*Quando?*» in modo da avere come risposta «*alcune settimane fa*». Chiedete da chi il signor Monti ha saputo del furto visto che, quando questo si è svolto, ancora non abitava nel palazzo. Darete voi probabilmente il nome «*dottor De Angelis*», dopo di che domanderete come quest'ultimo ha informato il signor Monti. Cercate di arrivare all'enunciato «*Senta, ieri ho parlato con il dottor De Angelis e m'ha detto che alcune settimane fa c'è stato un furto al terzo piano*» per chiedere poi quando, rispetto al furto il signor Monti è venuto ad abitare nel palazzo. Quando avrete ottenuto la frase «*qualche giorno dopo*», domandate quando si è svolto il furto rispetto all'arrivo del signor Monti. Gli studenti vi risponderanno «*qualche giorno prima*». «*Prima di che?*» domanderete, e, qualora vi si risponda: «*prima del mio arrivo*», chiederete di sostituire il sostantivo con il verbo *venire* correggendo se necessario con la forma corretta del congiuntivo.

Una volta ottenuta l'intera battuta, indicherete il portiere dicendo semplicemente che conferma quanto il signor Monti ha saputo dal dottor De Angelis.

Ridarete quindi la parola al signor Monti e chiederete qual'è lo stato d'animo del nuovo inquilino dopo che ha saputo dell'esistenza del furto. Cercate di ottenere l'aggettivo *preoccupato* in modo da avere la frase «*Io sono preoccupato*». «*Di cosa si preoccupa il signor Monti?* – direte – *In fondo il palazzo ha un portiere.*» E prima che gli studenti vi forniscano la risposta direte: «*Il palazzo ha un portiere, però i ladri ...*» e qui mimerete l'atto di entrare. «*Sono entrati*» vi dirà qualche studente. Chiedete allora quale

verbo si può premettere a *entrare* che renda l'idea della difficoltà, in modo da avere il verbo *riuscire* e quindi la frase «*Io sono preoccupato perché i ladri sono riusciti ad entrare*». Correggerete l'indicativo in congiuntivo (*siano riusciti*) e chiederete quindi un avverbio che preceda l'aggettivo *preoccupato* e in modo da sentirvi dire *abbastanza*.
«*Il signor Monti* – direte – *è abbastanza preoccupato perché è poco informato su come è avvenuto il furto. Che cosa vuole allora sapere dal portiere?*» Cercate di ottenere la locuzione «*qualcosa di più*» in modo che, quando chiederete di formulare la richiesta, la classe vi dica: «*Lei può dirmi qualcosa di più perché io sono abbastanza preoccupato* ...». Qui vi fermerete e chiederete di sostituire l'aggettivo *preoccupato*, che è poi un participio passato, con un participio presente. Dopo un momento di esitazione (qualcuno vi dirà «*io sono preoccupante*») otterrete certamente la frase «*È abbastanza preoccupante*». «*Per chi è preoccupante?*» chiederete. La risposta non tarderà e avrete l'intero primo periodo. Chiedete quindi che cosa vuole sapere il signor Monti e avrete «*Come è successo?*». Schizzate poi un sole alla lavagna («*Di giorno?*»), quindi una luna con qualche stella («*Di notte?*»), e, per concludere, chiedete che alla prima delle domande gli studenti sostituiscano il verbo *succedere* con il verbo *essere*. Il dialogo a questo punto è completo e potrete far partire la cassetta con la registrazione.

Lezione 13, (2) Dialogo

Riproducete su un lucido il disegno di pagina 166 o schizzate due figure simili alla lavagna. Date quindi la parola a Guido dicendo che per tirarsi fuori dalla discussione rimprovera alla moglie di averlo informato troppo tardi. Ottenuta la prima battuta, indicate il disegno che raffigura Cristina dicendo che a questo punto non può che ripetere, sorpresa, il rimprovero del marito. Se otterrete la battuta «*Come te l'ho detto troppo tardi?*» direte di abbreviarla eliminando il verbo. Chiedete adesso quando allora Cristina, visto che secondo Guido ormai è troppo tardi, avrebbe dovuto informarlo. Ottenuto l'avverbio *prima* chiedete alla classe di costruirvi con esso un periodo. Basterà che la classe costruisca la prima parte (che voi probabilmente correggerete fornendo la forma corretta del congiuntivo trapassato) per restituire la parola a Cristina che, ancora una volta, come alla seconda battuta, ripete sorpresa quanto il marito le ha detto. Domandate alla classe: «*In questo caso sarebbe cambiato qualcosa?*». Dato che tutti vi risponderanno di no, chiedete di fornirvi il periodo ipotetico completo e, una volta ottenutolo, chiedete di completare la frase domandando perché non sarebbe cambiato nulla. Dovrete probabilmente fornire soltanto l'aggettivo *maledetta*. Il resto della frase verrà da sé.

Lezione 14, (5) Dialogo

Per lo svolgimento della presente attività vedi quanto detto in questa stessa appendice per il dialogo al punto 5 della lezione 4.

Si scusa per il ritardo.	●	________________________ ________________________
Saluta l'amico. Si sorprende per il suo aspetto turbato.	■	________________________ ________________________
Risponde dando la sua agitazione per logica. Ne spiega la ragione (ha litigato).	●	________________________ ________________________ ________________________
Chiede conferma, ripetendo quanto l'amico ha appena detto, di quanto ha sentito.	■	________________________ ________________________ ________________________
Conferma. Definisce con un aggettivo negativo la persona con cui ha litigato. Aggiunge che è arrivato quasi al punto di ricorrere alle mani per far valere le sue ragioni.	●	________________________ ________________________ ________________________ ________________________
Esprime sorpresa per una possibile scelta così estrema.	■	________________________ ________________________
Conferma.	●	________________________

APPENDICE

Canzoni

Il modo più naturale di ascoltare una canzone dovrebbe essere quello di ascoltarla come in genere fanno gli italiani quando ascoltano un disco o seguono una trasmissione alla radio o alla televisione. In classe quindi lo studente potrebbe ascoltarla una o più volte senza leggere il testo, così come si procede normalmente per la comprensione auditiva. In questo caso si può chiedere allo studente di concentrarsi sul contenuto oppure su singole parole che riesce a captare. Non bisogna tuttavia dimenticare che, rispetto ad un testo orale, la canzone risulta più difficile da capire. Se si pretende dallo studente un'attività di comprensione auditiva, non gli si dovrebbe far ascoltare una canzone troppo ritmata o in cui le parole vengano pronunciate poco chiaramente. Dopo aver ascoltato una o più volte la canzone, lo studente riceverà il testo, che potrà essere intero, spaziato, accompagnato da disegni, o diviso in brani che serviranno a ricostruirlo.
Naturalmente, oltre che con l'ascolto, si può iniziare a presentare una canzone anche facendo leggere il testo. In questo caso si procederà come in un'attività di comprensione scritta. Se lo studente avrà davanti il testo intero, gli si chiederà di parlare del contenuto con i compagni. Se avrà davanti un puzzle di brani, gli si chiederà di ricostruire il testo. Quest'attività naturalmente non può essere svolta con tutte le canzoni, vi si prestano solo quelle in cui c'è una storia o che hanno un filo logico.
Partendo dal testo, prima di far ascoltare la canzone, si possono far fare supposizioni agli studenti sia sul tipo di musica o di ritmo che la canzone potrebbe avere, sia sull'interprete (uomo, donna, duo, complesso, etc.).

Ecco adesso alcune canzoni che potrebbero accompagnare o integrare le lezioni del nostro libro. Oltre ai testi forniamo alcuni procedimenti che potrete naturalmente adattare anche ad altre canzoni di vostra scelta.
Attenzione: le canzoni che seguono non sono contenute nelle cassette o nei CD che accompagnano il manuale.

Ciao, pa' (Lezione 7)
Interpretata da Eros Ramazzotti, testo e musica di Eros Ramazzotti / Pierangelo Cassano.

Obiettivo: Concludere la lezione riprendendo il tema in essa affrontato.
Procedimento: Fate ascoltare una volta il brano. Distribuite quindi il testo spaziato e procedete secondo la tecnica indicata in questo manuale per lo svolgimento del dettato. Una volta completato il testo chiedete ai vostri studenti di immaginare che cosa dice il padre dall'altra parte del telefono.

Rosalina (Lezione 9)
Interpretata da Fabio Concato, testo e musica di Fabio Concato

Obiettivo: Concludere la lezione riprendendone scherzosamente il tema.
Procedimento: Fate ascoltare il brano un paio di volte chiedendo alla classe di concentrarsi sul contenuto del testo. A una prima socializzazione a coppie farete seguire un terzo ascolto e una nuova socializzazione per la quale, come consueto, varierete i componenti delle coppie. Distribuirete quindi il questionario (o lo proietterete dopo averlo riprodotto su un lucido). Infine, dopo aver fatto ascoltare ancora una volta la canzone e, dopo una terza socializzazione, distribuirete il testo. Se la classe sarà d'accordo potrete a questo punto far ascoltare la canzone per l'ultima volta.

4 marzo 1943 (Lezione 10)
Interpretata da Lucio Dalla, testo di Lucio Dalla / Paola Pallottino, musica di Lucio Dalla

Obiettivo: Rivedere l'uso dei tempi e in particolare del passato remoto.
Procedimento: Distribuite agli studenti il testo e chiedete loro di coniugare al presente, all'imperfetto o al passato remoto i verbi all'infinito. Una volta svolto l'esercizio, farete confrontare a piccoli gruppi e farete quindi ascoltare la canzone.

Sciur padrun da li beli braghi bianchi (Lezione 15)

Interpretata da Giovanna Daffini, autori anonimi.

Obiettivo: Presentare una canzone in dialetto chiedendo agli studenti di riconoscere la traduzione italiana del testo.
Procedimento: Fate ascoltare una volta la canzone. Distribuite quindi il testo. Gli studenti dovranno ricomporre la traduzione italiana.

Il dialetto, oltre che nella poesia o nel teatro, ha una lunga tradizione anche nei canti popolari. Uno di questi, che si pensa sia nato intorno al 1930 forse sulle note di una preesistente marcetta militare, è *Sciur padrun da li beli braghi bianchi*. Si tratta di un canto di risaia molto diffuso fra le mondine, le donne che appunto lavoravano nelle risaie della Pianura Padana, che lo cantavano quando cominciavano ad essere stanche del lavoro e sentivano la nostalgia di casa.

Ciao, pa'

______ io, ________ ________, ti _____________ da qui,
qui _____ _____________ _____________ d'albergo.
__________ se è _____ un po' che _____ _______ _____ ______________ più,
______, sai già come son fatto;
io _______ _____ __________ spesso,
fortemente __________ ______________.

Io _____ ________, come no,
_____ _________________ _____ ______________
e sto riposando un po'.

_____ ______________ va così,
tutti _____________ c'è crisi,
ma io, io non mollo, no.
Non ti devi _______________________,
oramai mi so arrangiare.

_____ _________________,
non _____________ quelle che chiami __________ compagnie,
ne sto ______________.
Dai, lo sai, _____ _____ ___________,
ci sono in giro certe malattie.

Sì, sì, guido ________.
Tu ____________________ che sono
ogni __________ un po' più uomo.

E quand' è _____ ____________?
Forse un salto ____ ______ mese
ma sai, dipende.
Ti dirò sono un po' a corto,
ho ______ delle spese ultimamente.

Non è il caso che ti scaldi,
io non butto via ____ ______ soldi.
Sì però dagli un taglio con le prediche, se no
io metto giù.
______ _____ se non sbaglio
quando ______ la mia stessa ______
chi ti teneva più?

E non dire altri _________
coi tuoi _________ esempi.
_________ qui è il _____ _______
che ti piaccia oppure no.
È _____ _____ ______
e _____ ______ fino in _________.
la mia _________ seguirò.
Io no, non ho _______ la ____________.
Tu mi _____ _______ _____ ____________, sì,
ora _____ _____ _______ a te.
Non so più che ______ ______.
_____ ____________, ciao, ciao, pa.

Ciao pa'

Sono io, come stai,
ti telefono da qui,
qui da una camera d'albergo.
Scusa se è da un po'
che io non ti chiamo più,
sai, sai già come son fatto;
io però ti penso spesso,
fortemente come adesso.

Io sto bene, come no.
Ho mangiato dei panini
e sto riposando un po'.

Il lavoro va così,
tutti dicono c'è crisi,
ma io, io non mollo, no.
Non ti devi preoccupare,
oramai mi so arrangiare.

Stai tranquillo,
non frequento quelle
che chiami brutte compagnie,
ne sto lontano.
Dai, lo sai, che sto attento,
ci sono in giro certe malattie.

Sì, sì, guido piano.
Tu dimentichi che sono
ogni giorno un po' più uomo.

E quand'è che ritorno?
Forse un salto a fine mese,
ma sai, dipende.
Ti dirò sono un po' a corto,
ho avuto delle spese ultimamente.

Non è il caso che ti scaldi,
io non butto via i miei soldi.
Sì però dagli un taglio
con le prediche,
se no io metto giù.
Anche tu se non sbaglio
quando avevi la mia stessa età
chi ti teneva più?

E non dire «altri tempi»
coi tuoi soliti esempi.
Questo qui è il mio tempo,
che ti piaccia oppure no.
È la mia vita
e io vado fino in fondo,
la mia strada seguirò.
Io no, non ho chiuso la partita.
Tu mi hai chiesto di capirti, sì,
ora io lo chiedo a te.
Non so più che cosa dirti.
Ci vediamo, ciao, ciao, pa'

Rosalina

Rosalina, Rosalina,
tutto il giorno in bicicletta
fino a sera, sera chissà i polpacci, poveretta
fino a sera, sera
chissà che piedi gonfi avrai.

Rosalina, Rosalina,
a me piaci grassottina,
ma quando è sera, sera
ti sento masticare,
quando è sera, sera
t'ammazzi con i bignet.

Amore mio ti voglio bene come sei,
sei eccitante al punto che ti sposerei,
novanta chili di libidine e bontà
e poi vedrai, che un po' di moto ti aiuterà.

Rosalina, Rosalina
tutto il giorno in bicicletta
fino a sera, sera
chissà i polpacci, poveretta
fino a sera, sera
chissà che piedi gonfi avrai.

Mia mamma dice che col tempo dimagrirai,
ma non importa amore non cambiare mai,
hai fatto caso che le magre sono tristi,
invece tu hai sempre voglia di cantare.

Rosalina, Rosalina,
la mia bella farfallina
che pedala e canta,
canta finché muore il sole.
E quando è sera, sera,
ti sento masticare,
e quando è sera, sera,
t'ammazzi con i bignet. Olè!

Questionario

Vero o falso?

	v	f
A Rosalina piace andare in bicicletta.	☐	☐
Rosalina è golosa.	☐	☐
Lui vorrebbe avere una ragazza snella.	☐	☐
Lui vorrebbe sposare Rosalina.	☐	☐
La mamma di lui dice che Rosalina è troppo magra.	☐	☐
Lui vuole che Rosalina rimanga così com'è.	☐	☐
Rosalina è triste e non canta volentieri.	☐	☐

APPENDICE

4 marzo 1943

Dice che ______ un bell'uomo — (lui) essere
e ____________, ____________ dal mare. — venire
____________ un'altra lingua, — Parlare
però ____________ amare. — sapere
E quel giorno lui _________ a mia madre — prendere
sopra un bel prato
l'ora più dolce
prima d'essere ammazzato.

Così lei _________ sola nella stanza, — restare
la stanza sul porto,
con l'unico vestito,
ogni giorno più corto,
e benché non sapesse il nome
e neppure il paese,
m'____________ come un dono d'amore — aspettare
fino dal primo mese.

____________ sedici anni quel giorno — Compire
la mia mamma.
Le strofe di taverna
le _________ a ninna nanna, — cantare
e stringendomi al petto che ____________, — sapere
____________ di mare, — sapere
____________ a far la donna — giocare
con un bimbo da fasciare.

E forse ______ per gioco — essere
o forse per amore
che mi _________ chiamare — (lei) volere
come nostro Signore.
Della sua breve vita, il ricordo,
il ricordo più grosso
______ tutto in questo nome — essere
che io mi _________ addosso. — portare

E ancora adesso che _________ a carte — (io) giocare
e _________ vino — (io) bere
per la gente del porto ____________ Gesù Bambino. — (io) chiamarsi

Sciur padrun da li beli braghi bianchi

Leggete il seguente testo e poi mettete in ordine le frasi del riquadro in modo da comporre la traduzione in italiano del canto popolare qui riportato.

A scüsa sciur padrun
sa l'èm fat tribulèr
i era li premi volti
i era li premi volti
a scüsa sciur padrun
sa l'èm fat tribulèr
i era li premi volti
ca 'n saièvum cuma a fèr

Sciur padrun da li beli braghi bianchi
föra li palanchi, föra li palanchi
sciur padrun da li beli braghi bianchi
föra li palanchi ch'anduma a cà

erano le prime volte

scusi, signor padrone

fuori i soldi

e non sapevamo come fare

che andiamo a casa

dai bei pantaloni bianchi

signor padrone

e l'abbiamo fatto arrabbiare

Re La7
A scü-sa sciur pa-dru-un sa l'èm fat tri-bu-lèr ie-
Re
-ra li prè-mi vol-ti ie-ra li prè-mi vo-ol-ti, a scü-sa sciur pa-
La7
-dru-un sa l'èm fat tri-bu-lèr ie-ra li prè-mi vol-ti ca'n sa-
Re
-iè-vum cu-maa fèr. Sciur pa-drun da li bé-li braghi
La7 Re
bian-chi fö-ra li pa-lan-chi fö-ra li pa-lan-chi, sciur pa-drun da li bé-li braghi
La7 1.2 Re 3 Re
bian-chi fö-ra li pa-lan-chi ch'andu-maa cà. E cà.